NEW 워런 버핏처럼
적정주가 구하는 법

NEW 워런 버핏처럼
적정주가 구하는 법

초판 1쇄 2009년 7월 30일
개정판 1쇄 2016년 9월 30일
개정판 6쇄 2025년 12월 20일

지은이   이은원

펴낸곳   (주)한국투자교육연구소 부크온
펴낸이   김재영
편집   권효정
디자인   강이랑, 심서령
주소   서울시 영등포구 선유로9길 10, 문래 SK V1센터 1001호
전화   02-723-9004   **팩스** 02-723-9084
홈페이지 www.bookon.co.kr
블로그   blog.naver.com/bookonblog
이메일   book@itooza.com
출판신고 제2010-000003호(2008년 4월 1일 신고)

ISBN   978-89-94491-51-6 13320

◆ **부크온**은 한국투자교육연구소 아이투자(itooza.com)의 출판 브랜드입니다.
◆ 파손된 책은 구입하신 곳에서 교환해 드리며, 책값은 뒤표지에 있습니다.
◆ 무단전재나 무단복제를 금합니다.

NEW 워런 버핏처럼 적정주가 구하는 법

이은원 지음

iTOOZA 부크온 BookOn

CONTENTS

들어가는 글(개정판)   006
들어가는 글(초판)   009

제1부 워런 버핏처럼 적정주가 구하기

1장 내재가치는 적정주가의 어머니   014
가치를 모르고 가격을 지불하지 마라   014
같은 주식을 사도 누구는 웃고, 누구는 우는 이유   019

2장 일반적인 가치 평가방법 돌아보기   022
워런 버핏의 보조 수단, 상대가치 평가방법   022
워런 버핏 방식과 유사한 현금흐름 할인방법   029

3장 워런 버핏의 내재가치 계산법과 적정주가   033
대학교육과 주식의 내재가치   033
주주이익을 주목하라   038
운전자본의 증가는 빨간 신호등   043
유형자산 투자비용을 꼭 고려하라   047
워런 버핏이 사용한 할인율   049
워런 버핏 내재가치 계산공식   055
자회사는 어떻게 처리할까   059
투자자산 처리와 포괄이익   062

4장 실제 확인! 적정주가와 내재가치 계산 절차   066
case 1. 기업의 순자산과 공정가치, 프리미엄에 주목하기   066
case 2. 재고자산, 고정자산, 영업권 조정하기   070
case 3. 우수한 기업의 바겐세일과 적정주가   079
버핏의 내재가치 평가 기타 사례   083

5장 계산할 가치가 있는 기업부터 찾자   086
강력한 경제적 해자가 있는 기업   087

	인플레이션을 이기는 기업	**092**
	정말로 주주 입장에서 생각하는 기업	**096**

6장	내재가치로 찾는 최적의 매매 시기	**101**
	성공 가능성을 높이는 매수 기준과 시기	**101**
	수익을 극대화하는 매도 기준과 시기	**104**

7장	실전! 내재가치 평가	**109**
	비즈니스 모델별 성장률의 가정	**109**
	안전마진과 내재가치평가	**112**
	저 PER 전략이 통하는 이유	**114**
	한국의 산업구조와 버핏 투자	**116**
	금리 인상 시기의 내재가치평가	**118**
	버핏 가치평가방법의 한계	**120**

8장	한국 기업 적용 5가지 사례 분석	**124**
	코웨이 · 동서 · BGF리테일 · 대한약품 · 쎌바이오텍	

제2부 워런 버핏처럼 투자하기

9장	워런 버핏 주주편지 핵심 분석(2008)	**142**

10장	워런 버핏 주주편지 핵심 분석(2013)	**156**

11장	워런 버핏의 투자 조언과 해설	**181**

책을 마치며	**216**
추천의 글	**219**

용어설명	**223**
주석	**228**
참고도서	**230**

들어가는 글(개정판)

좋은 기업을
좋은 가격에
매수하는 방법

『워런 버핏처럼 적정주가 구하는 법』을 출간한 지도 꽤 오랜 세월이 흘렀다. 당시 재직 중이던 투자자문사 내부 보고 목적으로 작성된 50여 페이지 분량의 딱딱한 원고를 책으로 내다보니 여러 가지 부족한 점이 많았던 것 같다. 그럼에도 불구하고 많은 투자자들의 사랑을 받아 개정판까지 출간하게 되어 감사한 마음이다.

출간 이후 책이 어렵다는 피드백이 많았다. 물론 내부 보고 목적으로 쓴 탓도 있겠지만, 시간이 지날수록 당시 필자가 내용을 100% 소화하지 못한 이유도 컸다고 본다. 실제 투자에서 현실적으로 적용함으로써 소화된 내용을 소개하기보다, 단지 버핏의 주주편지를 통해 정리해서 내린 이론적인 부분이 컸던 탓에 쉽게 전달하는 데 한계가 있었던 것 같다.

초판 출간 이후 몇몇 투자회사들을 거치면서 버핏의 방법론과 철학을 실제 투자 현실에 적용하기 위해 무던히도 애를 썼다. 예상했던 것보다 더 큰 수익을 거둘 때도 있었고, 때로 부침이 심한 시장에서 여러 실수를 저지르기도 했다. 그런 실수에서 배우고 회복하려고 발버둥쳤음은 물론이다.

개정판에서는 버핏을 통해 배운 투자를 현실에 적용하면서 느낀 내용 위주로 엮어나가려고 노력했다. 물론 내재가치 평가방법론을 이야기하기 때문에 필연적으로 기술적이고 이론적인 내용이 많겠지만, 최대한 투자 현실 속에서 나름대로의 고민을 통해 소화된 내용을 담으려고 노력했다.

결론적으로 말하자면 버핏의 가치평가방법은 단순하다. 하지만 그렇다고 쉬운 것만은 아니다. 방법은 단순하지만 매번 새롭게 부딪치는 상황 안에서 적용하기가 만만치 않다. 칼의 모양새는 단순하지만 맛있는 요리를 만드는 것이 쉽지 않은 것과 비슷하다고 볼 수 있다. 하지만 내재되어 있는 논리를 알고 철학을 이해한다면 자기 것으로 소화해서 좋은 결과를 얻는 것이 결코 어렵지 않을 것이다.

초판을 출간할 때 나는 급변하는 시장상황 속에서 흔들리지 않으려면 시장과 연동되지 않은 가치평가방법을 알고 있어야 한다고 생각했었다. 그런 생각에 대한 결론으로 절대적인 내재가치 평가방법을 찾고자 했었다. 시간이 흐른 지금, 시장과 연동되지 않은 가치평가는 성립 자체가 불가능한 개념이라는 것을 현실 속에서 느끼게 되었다. 모든 자산의 가격은 상대적으로 정의되기 때문에 경제 전반의 상황에 밀접한 연관을 갖고 있다. 다만 자산 가격이 꼭 경제 현실만 반영하는 것이 아니라 그에 대한 시장참여자들의 견해도 반영하기 때문에 버블이 일어나기도 하고 극심한 저평가에 놓이기도 한다.

버핏의 방법은 철저히 안전마진을 확보하고, 상황에 따른 내재가치 추정을 통해 시장의 변동성에 휘둘리지 않게 해준다는 데 의의가 있다. 경제 환경에 근거한 합리적인 판단을 토대로, 비이성적인 과열 현상이나 과도한 위험자산 기피 현상 속에서 흔들리지 않는 기준을 제시한다. 그런 기준이 좋은 투자기회를 선별할 수 있는 토대가 됨은 물론이다.

버핏과 멍거는 좋은 기업의 주식이 평소 싸지 않다는 것이 투자의 딜레마라고 언급한 바 있다. 특히 멍거는 투자가 단지 좋은 기업을 아무런 가격에나 매수해서 보유하는 게임이었다면 아무나 돈을 벌 수 있었을 것이라고 일침을 가하고 있다. 가치평가가 투자에서 중요하다는 점을 지적하는 것이다.

어떻게 해야 좋은 기업을 좋은 가격에 매수할 수 있을까?

이 책은 이런 의문으로 시작됐으며, 매수하기에 '좋은 가격'이 어떤 것인지에 초점을 두고 있다. 불안과 공포, 희망과 낙관이 공존하면서 수많은 기회를 낳는 주식시장에서 한 줄기 '합리적'인 나침반으로 남기를 기대해본다.

들어가는 글(초판)

적정주가와
내재가치에 대한
해답 찾기

　필자가 워런 버핏의 내재가치 계산방법을 공부하게 된 계기는 미국발 금융위기와 연관이 많다. 지금도 그렇지만 서브프라임 사태가 터지기 전까지 거의 모든 기업분석 리포트들의 밸류에이션Valuation(내재가치 평가방법)은 시장평균과 비교하는 상대적인 가치 평가방법에 치우쳐 있었다. 시장이 오르면 목표주가도 같이 한없이 올라가던 때다. 왜 PER(주가수익배수)을 X배 줘야 하는지, 지금 왜 배수를 올려서 받아야 하는 것인지에 대한 근거는 결국 시장이나 동종 업계 평균에 있었다.

문제는 철석같이 믿었던 시장이 붕괴하게 되면 시장에 근거한 모든 논의가 의미 없어진다는 데 있다. 시장 평균 배수가 15배이던 시절에는 13배인 기업이 저평가된 기업이었으나 불과 몇 개월 만에 시장 평균 배수가 10배로 떨어진 시점에서는 고평가된 기업으로 둔갑하고 만다. 몇 개월 만에 매수해야 할 기업이 매도해야 할 기업으로 바뀌어 버린 것이다. 결국 금융위기는 주식을 비롯한 자산가격을 무자비하게 후려쳤고 상대적인 가치 평가방법에 근거한 그 당시 기업가치 계산 결과는 현재 아무런 의미를 갖지 못하게 되었다.

IMF, 카드사태, 금융위기 등의 시장위험인 체계적 위험을 바라보고 겪으면서 "나에게는 시장을 예측할 수 있는 능력이 없다"는 투자 대가들의 고백이 결코 빈말이 아니라는 것을 느낄 수 있었다.

금융위기가 한바탕 휩쓸고 지나가면서 어느덧 투자자들 사이의 관심사는 더 이상 개별종목에 있지 않고 체계적 위험을 피할 수 있는 방법론에 있다는 것을 느낀다. 기술적 분석에서부터 과거 유행했던 포트폴리오 보험까지 저마다 체계적 위험을 대비할 수 있는 비책을 만드느라 여념이 없다. 그러나 필자가 보기에는 모두 과거에 대한 설명과 해명일 뿐이다. 가끔 나름대로 미래를 그려 주기도 하지만 정작 현재 상황이 어떠한지에 대해서는 명쾌한 답을 얻기 어려워 보인다.

그렇다면 금융위기와 같은 체계적인 위험을 피할 길이 없는 것일까? 이에 대한 필자의 답변은 다소 조심스럽지만 "YES"이다. 물론 서브프라임 사태를 미리 예견해서 대처한 사례들을 접하다 보면 고수들은 따로 있다는 생각이 들 수 있다. 그러나 그들이 최근의 유동성 장세까지 예측했는지에 대해서는 확신하기 어렵다. 또한 앞으로도 계속해서 맞힐 수 있다는 보장은 없다.

시장 자체의 체계적인 위험에 연동되어 있지 않은 가치 평가방법이라면 체계적인 위험을 피한다기보다 극복하는 데 도움이 될 수 있다고 생각한다. 시장에 따라 움직이지 않는 절대적인 내재가치 추정이 가능하다면 비록 체계적인 위험을 피하지 못했다 하더라도 체계적인 위험에 눌려 손실을 확정 짓고 마는 일 정도는 피할 수 있지 않을까 싶다. 또한 버블 상황 속에서 부화뇌동하지 않도록 지켜주는 기준이 될 수 있을 것이다.

결국 체계적인 위험은 지나간다. 이에 대한 믿음이 없다면 투자 자체를 하지 않는 것이 속 편할 것이다. 그리고 이 위험을 피할 수 없다면 워런 버핏처럼 바겐세일을 즐기는 것이 차라리 현실적이지 않을까?

워런 버핏의 내재가치 계산방법에도 명쾌하지 못한 부분이 있다. 바로 할인율 부분인데 워런 버핏은 한 번도 자신의 할인율에 대해 언급한 적이 없다. 투자자 개인이 추정하고 가정해야 하는 부분이다. 현실적으로 누구나 인정할 수 있는 할인율이라는 것은 존재할 수 없을 것이다. 그럼에도 불구하고 워런 버핏의 내재가치 계산방법이 상대가치 평가방법론보다는 현실적으로 유용하다고 생각한다. 예측할 수 없는 시장에 근거하기보다는 비록 추정치일지라도 개인적인 기준에 근거하기 때문이다.

2009년, 워런 버핏은 CNBC와 3시간이 넘는 인터뷰를 오마하의 네브래스카 퍼니처 마트에서 가진 적이 있다. 수많은 질문들 중 워런 버핏의 매수 후 보유전략Buy and Hold에 대한 질문이 유독 필자의 뇌리에서 잊혀지지 않는다. 이제 주식투자에 있어서 매수 후 보유전략은 끝난 것 아니냐는 질문에 워런 버핏은 "무엇을 매수해서 보유하느냐에 달려 있다"고 대답했다. 체계적 위험에 대한 질문에 개별적 위험에 대한 답변으로 응수한 것이다. 여기에 필자는 한 마디 덧붙이면서 책을 시작하고자 한다.

"무엇을 '얼마에' 매수해서 보유하느냐에 달려 있다."

제1부 워런 버핏처럼 적정주가 구하기

1 내재가치는 적정주가의 어머니

○ 가치를 모르고 가격을 지불하지 마라

> 갑 : "안정적으로 투자할 만한 주식 없을까?"
> 을 : "우량주 위주로 투자하는 것이 안정적이야."
> 갑 : "우량주는 주가가 너무 비싸서… 1,000원 이하 주식으로 골라줘 봐."
> 을 : "……"

주식투자를 시작한 지 얼마 되지 않거나 소형주 위주로 고수익을 노리고 투자해 온 갑과 같은 개인투자자들에게서 흔히 볼 수 있는 반응이다. 물론 절대적인 가격으로 비교하면 1,000원짜리 주식보다 10만 원짜리 주식이 비싼 것은 사실이지만, 기업 자체에 집중한다면 1,000원짜리 주식이 비쌀 수도 있고 10만 원짜리 주식이 싼 주식일 수도 있다.

얼핏 보기에는 1,000원짜리 주식이 떨어지더라도 덜 떨어질 것 같고 살 수 있는 사람도 많아 탄력도 좋을 것 같아 보인다. 그러나 1,000원짜리 주식이건 10만 원짜리 주식이건 주가는 둘 다 0원이 될 수도 있고 수십에서 수백 퍼센트의 수익을 낼 수도 있다. 투자금액에 따라 매수할 수 있는 주식 수만 차이가 날 뿐이다.

다음은 한 코스닥 기업의 주가 차트이다.

만일 2008년 8월에 1,000원대의 주가가 싸다고 매수했다면 2009년 3월 330

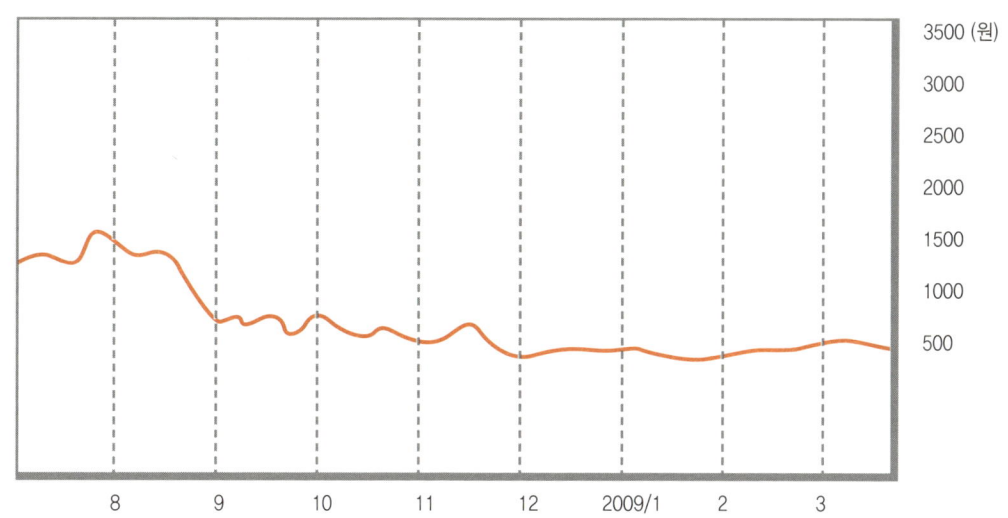

원까지 약 70%의 폭락을 바라볼 수밖에 없었을 것이다. 중간에 손절매를 하고 나와 손실 폭을 줄일 수도 있지만, 위의 차트는 1,000원대의 주식도 결코 싼 주식이 아닐 수 있음을 잘 보여준다.

그렇다면 과연 주가를 어떻게 판단해야 할까?

이에 대해서는 수많은 이론과 주장들이 난무하는 것이 현실이다. 경험적인 차트를 토대로 주가를 계산하고 투자에 임해야 한다는 차트투자에 대해서는 논외로 한다면(차트에 근거한 기술적 투자를 부정하는 것이 아니며 다만 필자가 기술적 투자에 대해 잘 모르기 때문이다) 대부분의 투자는 겉으로 드러나는 모습만 달라 보일 뿐 그 기업 고유의 내재가치intrinsic value보다 싸게 사는 과정에서 시작된다. 다만 내재가치를 계산하는 방식에 차이가 있을 뿐이다.

따라서 주가를 판단하는 과정은 쇼핑을 하면서 물건값을 판단하는 과정과 아주 비슷하다고 볼 수 있다. 물건을

> **내재가치intrinsic value** | 기업 본연의 가치를 말하는데, 절대적인 고유의 가치를 뜻한다. 워런 버핏Warren Buffett에 의해 유명해지게 되었다.

사기 전에 가격을 보고 경험적으로 느끼는 가치와의 비교를 통해 저렴한지 여부를 판단하듯이 주가 또한 기업의 내재가치와의 비교를 통해 충분히 싼지 여부를 체크할 수 있어야 한다.

주식은 기업의 소유권이기 때문에 주식의 적정가치는 반드시 그 기업의 내재가치를 통해 계산해야 한다. 주식 1주는 기업의 소유권을 잘게 자른 하나의 조각이기 때문에 주식 1주의 주가만으로 기업을 판단해서는 안 된다. 더 정확하게 말하자면 주가를 유통 가능한 주식수대로 모두 더한 시가총액과 기업의 내재가치를 비교하거나, 주식 1주의 가격과 내재가치를 주식수로 나눠준 1주당 내재가치를 비교해야 한다.

즉 1,000원짜리 주식이라도 1주당 내재가치가 500원에 불과하다면 비싼 주식이며, 10만 원짜리 주식이라도 1주당 내재가치가 20만 원이라면 싼 주식인 것이다. 따라서 10만 원짜리 주식이라 할지라도 내재가치에 따라 1,000원짜리 주식보다 더 싸다고 말할 수 있다.

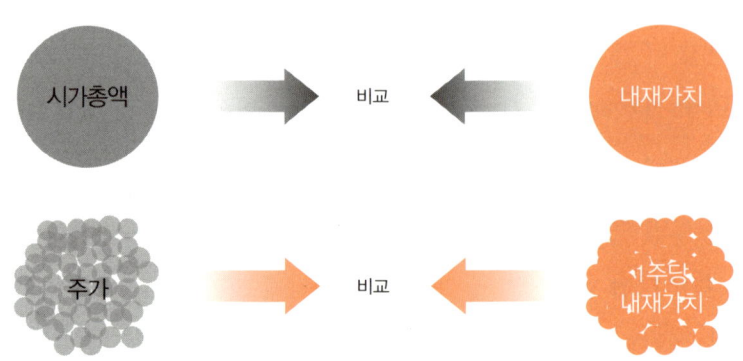

그렇다면 내재가치보다 싼 주가는 반드시 내재가치만큼 오르게 되어 있는 것일까?

내재가치보다 싸게 매수한 주식이 반드시 내재가치에 수렴한다는 보장이 없다면 아무리 싸게 주식을 매수한들 의미가 없을 것이다. 사실 이 부분은 일종의 믿음과도 같다. 정확한 시기에 대해 말하지 못할 뿐 궁극적으로 주가는 내재가치에 수렴한다는 것이 정설이다.[1]

내재가치와 주가에 대한 이 같은 믿음에 효율적 시장가설은 이론적 토대를 제공한다. 물론 시장은 효율적이지 않다는 것이 가치투자자들의 일반적인 견해이다. 그러나 시장은 단기적으로 효율적이지 않을 뿐 장기적으로는 효율적이다. 만일 장기적으로도 효율적이지 않다면 내재가치보다 싸게 주식을 매수한다고 해서 내재가치로 수렴할 것이라는 보장은 없게 된다.

그런데 꾸준히 시장을 이겨온 투자의 대가들이 존재하기 때문에 굳이 시장의 단기적인 비효율성과 장기적인 효율성을 증명하려고 여러 가지 논문 결과를 인용하지는 않아도 될 것 같다. 다만 여기서 이야기하는 장기가 과연 얼마의 기간인가에 대한 명쾌한 해답은 없다. 대개 3년을 이야기하는 경우도 있고 5년을 이야기하는 경우도 있다. 그러나 그 전에 주가가 내재가치에 수렴할 수도 있고 더 오랜 기간을 기다려야 할 수도 있어 정확한 시기를 맞히기는 어렵다. 이 때문에 정확한 시기를 맞히려고 온갖 도구를 활용하기도 하지만 지속적으로 정확히 짚어낸 사람은 없다. 따라서 시기를 맞히려는 노력보다 꾸준히 좋은 기업의 주식들을 내재가치보다 싸게 매수해두려는 노력이 더 현실적이다.

그런데 내재가치를 계산할 줄 알아야 현재 주가가 싼지 여부를 알 수 있다.

> **효율적 시장가설** | 주가는 현재 이용 가능한 모든 정보를 이미 다 반영하고 있다는 개념으로 반영하는 정도에 따라 약형, 준강형, 강형으로 나뉜다.
>
> **약형** | 주가는 시장의 거래 자료로부터 얻을 수 있는 모든 정보를 이미 반영하고 있다는 가설
>
> **준강형** | 공개적으로 이용 가능한 모든 정보가 이미 주가에 반영되어 있다는 가설
>
> **강형** | 주가가 심지어 기업 내부자만이 이용 가능한 특수한 정보까지 포함하여 기업에 관련된 모든 정보를 반영한다는 가설

또한 내재가치에 비해 얼마나 싸게 거래되고 있는지를 알아야 주식을 매수해 놓고 느긋하게 기다릴 수 있으며, 매수 가격 이하로 주가가 떨어졌을 때 추가로 매수할 수 있는 것이다.

이럴땐 이렇게!

🔈 기업 전체 내재가치와 1주당 내재가치는 다를 수 있다.

주가를 판단할 때는 시가총액과 전체 내재가치를 비교하는 것보다 1주당 주가와 1주당 내재가치를 비교하는 것이 더 정확할 수 있다. 기업 전체 내재가치와 1주당 내재가치가 경우에 따라 다를 수 있기 때문이다.

예를 들면 기업이 자기 기업의 주식(자사주)을 매입해서 소각할 경우인데, 기업이 자사주를 매입해서 소각하면 그만큼 기존 주주들의 지분율이 올라가게 된다. 기존 주주들이 추가매수를 하지 않아도 지분율이 올라가기 때문에 그만큼 기업에 대한 소유권이 증가하는 것이다. 즉 기업 전체 내재가치에는 변화가 없지만 주주들의 보유 지분의 가치는 올라가게 된다. 따라서 주가를 비교할 때는 1주당 기준으로 비교하는 것이 정확하다.

자사주에 대한 시각이 한국과 미국이 약간 다르다는 것을 이해할 필요가 있는데, 한국은 자사주를 매입해서 소각까지 하는 경우가 많지 않지만, 미국은 대부분 바로 소각을 한다. 한국에서는 자본차익, 대주주 경영권 방어 등 다양한 이유로 기업들이 자사주를 매입하고 있다. 이렇게 매입된 자사주는 향후 목적을 달성하기 위해 출회될 가능성이 높기 때문에 시장에서도 실질적인 주주가치의 증가로 받아들이지는 않는다. 이론적으로 미국과 같이 소각을 해야 발행주식총수가 줄어들어 주주가치의 실질적인 증가를 가져올 수 있다.

● 같은 주식을 사도 누구는 웃고, 누구는 우는 이유

투자자들이 쉽게 하는 실수 중에 하나가 바로 투자의 대가들이 보유하고 있는 주식을 아무런 비판 없이 사는 것이다. 이른바 추격매수인데 투자의 대가들이 매수했다고 알려진 주식을 따라서 사는 것이다. 이 경우 대부분 투자의 대가와 한 배를 탔다는 생각에 안심하며 별다른 의심을 해보지 않는다. 하지만 대가들 또한 실수하기 마련이고 실수로 밝혀질 경우 추격매수에 나섰던 투자자들은 손실을 면치 못한다. 물론 대가들이라면 성공할 확률이 높기 때문에 상대적으로 안정적인 선택이라고 할 수 있다. 그러나 설령 대가들에게 성공적인 투자라 할지라도 매수가격이 많이 다르다면 해당 종목 각각에 대한 수익은 많은 차이가 날 수 있다.

다음은 워런 버핏Warren Buffett이 아주 좋아하는 코카콜라The Coca-Cola Company의 주가 추이이다.

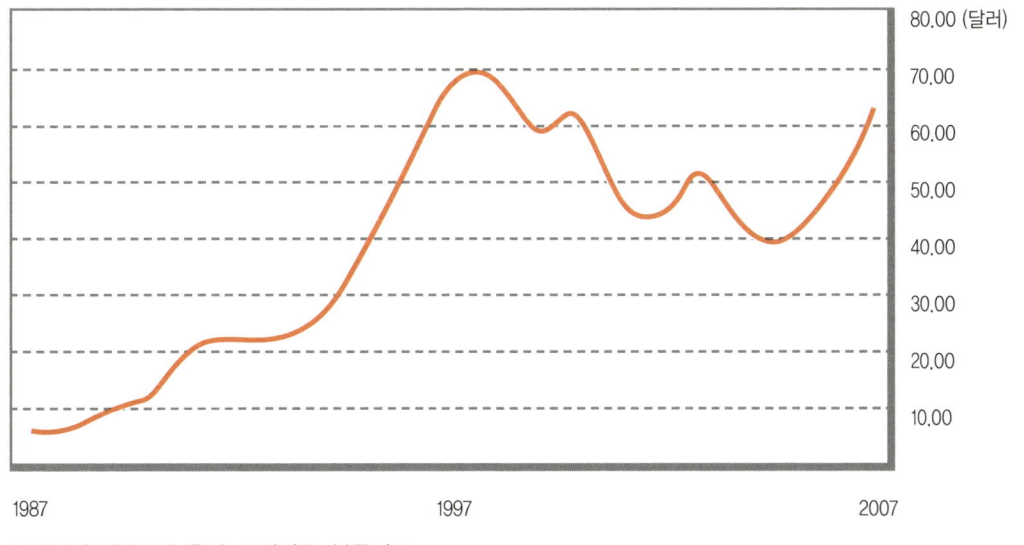

코카콜라 연말종가 추이, 수정기준, 블룸버그

평소 워런 버핏을 좋아하던 투자자가 코카콜라 주식을 1997년에 매수했다고 가정해보자. 그 투자자는 그 이후 약 10년 동안 떨어지는 주가에 마음을 졸여야 했을 것이다. 그 기간 동안 다행히 연평균 2% 수준의 배당이 꾸준히 지급되기는 했다. 그러나 같은 기간 동안 확정적으로 투자해서 얻을 수 있었던 수익까지 고려하면 큰 손실을 입은 셈이다. 주가가 상승가도를 달리던 1996년에 매수했더라도 1997년에 매도하지 않았다면 마찬가지였을 것이다.

워런 버핏은 1997년부터 주가가 지속적으로 떨어졌던 10년간 한 주도 팔지 않았다. 이런 부분은 1997년에 코카콜라 주식을 따라 샀던 투자자들에게 오히려 위안이 되어 매도를 주저하게 만들었을지도 모른다.

단지 워런 버핏과 동일하게 훌륭한 기업으로 알려진 코카콜라에 투자했을 뿐인데 결과는 너무 달라 어리둥절할 것이다. 도대체 어디에서부터 차이가 생긴 걸까? 코카콜라 투자가 워런 버핏에게도 실패한 투자였을까? 하지만 워런 버핏은 여전히 공개석상에 체리 코크Cherry Coke를 들고 나와 홀짝홀짝 마셔대며 코카콜라를 자랑스러워하고 있다.

문제는 워런 버핏이 코카콜라 주식을 산 가격과 1997년에 워런 버핏을 따라 산 일반투자자의 매수가격이 다른 데 있다. 워런 버핏이 1987년에 매수한 주식을 10배 가까이 오른 1997년에 어느 일반투자자가 따라서 매수한다는 것은 극단적인 가정일 수 있다. 하지만 시간이 한참 지난 지금이야 그 당시 가격이 높았다는 것을 주가 추이를 보며 판단할 수 있을 뿐이다. 주가가 고점을 갱신하며 올라가던 1997년 당시에는 대세 상승을 점치며 매수한 투자자들이 충분히 존재할 수 있는 것이다. 이는 비단 코카콜라 주식에만 국한된 현상은 아니다. 훌륭한 기업이라고 알려져 있는 기업들이라고 해도 너무 높은 주가에 투자했다가 실패하는 경우를 종종 보게 된다.

과거에는 훌륭한 기업이었으나 산업을 둘러싼 환경이나 기업 내부적인 여건이 변화를 맞게 되어 경쟁력을 상실한 경우일 수도 있다. 열악한 기업 내부 사정을 주가가 자연스럽게 반영하는 과정에서 실패를 맛봤을 수도 있다. 그러나 굳이 기업에 큰 변화가 없더라도 너무 높은 주가는 조정을 거치게 마련이다. 따라서 주가 수준을 판단할 수 없다면 그만큼 실패할 가능성이 높아질 수밖에 없는 것이다.

아무리 투자의 고수가 매수한 종목을 따라서 매수한다 하더라도 내재가치를 계산할 수 없다면 투자라는 전장에 총 없이 뛰어드는 꼴이다. 빗발치는 총탄 속에서 실수에 대한 대가를 대신 짊어질 동료는 아무도 없다. 오직 자기 자신만이 잘못된 투자의 결과를 담담히 받아들여야 한다. 투자에 대해 스스로 책임지기 위해서라도 직접 내재가치를 계산할 줄 알아야 하는 것이다.

이제 주식투자를 하면서 내재가치를 계산하는 것이 왜 중요한지 머릿속에 흐릿하게나마 그려질 것이다. 그동안 내재가치를 염두에 두지 않았다가 실패한 경험이 있는 투자자라면 더더욱 피부로 느낄 수 있었을 것이라고 생각한다. 내재가치의 당위성에 대한 설명은 이 정도로 해 두고 다음 장부터 내재가치는 어떻게 계산해야 하는 것인지에 대해 차근차근 살펴보도록 하자.

일반적인 가치 평가방법 돌아보기

워런 버핏의 내재가치 계산방식을 본격적으로 살펴보기 전에 이해를 돕기 위해 일반적으로 사용되고 있는 가치 평가방법에 대해 간단하게 정리한다. 이들의 기본적인 개념과 각각에 대한 워런 버핏의 입장에 초점을 맞추면서 하나씩 살펴보도록 하자.

● 워런 버핏의 보조 수단, 상대가치 평가방법

> "내가 포스코를 매수할 때는 포스코의 PER이 단지 3~4배에 불과했다."
> — 2007년 한국 방문 때 워런 버핏의 인터뷰 중

> "우리는 웰스 파고의 주식 10%를 2억 9,000만 달러에 매수했는데 이는 세후순이익의 5배 미만이며 세전순이익의 3배 미만의 가격이다."
> — 1990년 버크셔 해서웨이 주주편지 중

> "배당수익률, PER, PBR이나 심지어 성장률과 같은 일반적인 잣대들은 기업가치를 평가하는 것과 아무런 관련이 없다. 단지 사업으로부터 창출되는 현금의 크기와 시기에 대한 단서만 제공할 뿐이다."
> — 2000년 버크셔 해서웨이 주주편지 중

PER, PBR로 대표되는 상대가치 평가방법은 주식투자 관련 서적이나 리포트에 빠지지 않고 등장한다. 그만큼 이제는 투자자들에게 보편적인 하나의 잣대로 인정받게 되었다. 직관적으로 싼지 비싼지 여부를 느낄 수 있게 해주기 때문에 간편하다. 굳이 따로 개념을 상세하게 설명하는 것이 불필요할 정도로 투자자들에게 기본적인 개념으로 자리하고 있으며, 주가의 대략적인 수준을 이야기할 때 많이 사용한다.

워런 버핏 또한 자신이 매수한 가격에 대해 인터뷰하거나 버크셔 해서웨이 Berkshire Hathaway 주주들에게 보내는 편지에서 종종 PER이나 PBR에 대해 언급할 정도로 상대가치 평가방법에 익숙해있다. 그러나 단순히 PER이나 PBR로만 기업의 적정가치를 판단하지는 않는다. 하나의 보조적인 수치로 활용할 뿐이다.

워런 버핏의 내재가치 평가방법을 공부하기 위해서는 PER, PBR과 같은 기본적인 개념에 대해서 알아둬야 할 뿐만 아니라 그 한계에 대해서도 정리해둬야 한다. PER, PBR 등의 방법은 주식의 상대적 가치를 대략적으로 빠르게 파악할 수 있다. 반면에 주식시장 자체가 고평가되거나 저평가되어 있는 상황에서는 개별주식의 내재가치를 판단하기 어렵다는 한계가 있다. 여기에서는 PER, PBR, EV/EBITDA에 대해서만 정리할 것이다. 이미 이 세 가지 가치 평가도구에 대해 익숙해져 있는 투자자라면 건너뛰어도 좋다.

1) PER

> 내가 투자한 금액을 회수하는 데 몇 년이 걸리는가?

$$PER = \frac{시가총액}{당기순이익} = \frac{1주당\ 가격}{주당순이익} = \frac{투자금액}{회수금액}$$

PER Price Earnings Ratio(주가수익배수)은 간단히 현재 주가를 그 기업의 주당순이익(기업의 연간순이익을 유통되는 주식수로 나눠서 구한다)으로 나눠서 구해준다. 주당순이익 대비 몇 배에 주가가 형성되어 있는지를 보여준다. 주당순이익이 향후에도 동일하다는 가정 하에 지금 주식을 사면 몇 년 후에 주가(원금)를 회수할 수 있는지 말해준다. 물론 기업의 주당순이익은 모두 투자자(주주)에게 귀속된다는 전제도 깔려 있다.

PER이 낮을수록 지금의 주가만큼 회수하는 데 걸리는 기간이 짧아져 상대적으로 높은 수치보다 싸다고 말할 수 있다. 물론 반대의 경우는 상대적으로 비싼 것이다. 또한 이익 자체가 성장한다면 시간이 지날수록 PER은 낮아지고, 이익이 향후 줄어든다면 PER은 높아진다.

PER은 어디까지나 원금의 대략적인 회수기간을 말해줄 뿐이다. PER을 ROE(자기자본이익률 : 자기자본에 대한 이익률로 순이익을 자본총액으로 나눠서 구한다)와 연관 지어서 생각하면 단순한 수치만으로 비교해주는 것이 의미가 없게 될 수도 있다. 예를 들어 현재 PER이 8배이면서 ROE가 20%인 기업 A와 PER이 7배에 ROE 5%인 기업 B를 비교해보자. 두 기업 모두 현재 자본총액은 100억 원으로 동일하며 배당은 하지 않고 이익은 전부 유보하며 현재의 ROE가 유지된다고 가정한다.

(단위: 억 원)

기업A		1년	2년	3년	4년	5년	6년	7년
자본 총계	100	120	144	173	207	249	299	358
순이익		20	24	29	35	41	50	60	72
자본이익률	20%	20%	20%	20%	20%	20%	20%	20%
누적회수액		20	44	73	107	149	199	258	330
시가총액		160	PER=8						

기업 A의 경우 PER은 8배이지만, 실제 투자금액(시가총액) 160억 원을 순이익으로 회수하게 되는 시기는 4~5년 후가 된다. 반면에 다음 표에서 보는 바와 같이 기업 B는 PER이 7배이지만 회수기간이 5~6년 후가 된다.

(단위: 억 원)

기업B		1년	2년	3년	4년	5년	6년	7년
자본 총계	100	105	110	116	122	128	134	141
순이익	5	5	6	6	6	6	7	7
자본이익률	5%	5%	5%	5%	5%	5%	5%	5%
누적회수액		5	10	16	22	28	34	41	48
시가총액	35	PER=7						

두 기업 모두 공통적으로 명목적인 PER보다 실제 원금 회수기간이 작게 나왔다. 명목적인 PER은 암묵적으로 순이익 성장률을 0으로 가정하지만 두 기업은 모두 ROE가 유지되고 있는데 이는 곧 순이익의 성장을 의미하기 때문이다.

기업 B의 PER이 더 낮지만 실질적으로 기업 A의 원금 회수기간이 더 짧기 때문에 명목적인 PER이 큰 의미를 갖지 못하는 경우라고 볼 수 있다. 비록 명목적인 PER은 기업 A가 더 높지만 순이익 성장률에서 훨씬 높기 때문에 나타난 결과이다.

위의 예를 통해서도 알 수 있듯이 성장하는 기업에게 단순 PER 수치만으로 의미 있는 결론을 얻기 어렵다. 순이익 성장률을 감안해서 판단해야 좀 더 정확한 결론에 이를 수 있으며 이에 대한 보완으로 PEG라는 개념이 등장하게 되었다.

그런데 PER의 약점은 순이익이 줄어드는 상황에서도 왜곡된 결론에 다다를 수 있다는 것이다. 현재의 명목적인 PER에 상관없이 순이익이 줄어드는 속도에 따라 실질적으

PEG Price Earnings To Growth Ratio | PER의 맹점을 보완한 가치 평가방법으로 PER에 이익성장률을 반해서 계산한다. 피터 린치가 자신의 투자방법을 설명할 때 언급하면서 유명해지게 되었다. (PEG=PER÷주당순이익 성장률)

로 회수하는 기간이 달라질 수 있기 때문이다. 기업의 순이익이 줄어드는 상황에서 PER이 낮다고 싸다고 판단해서는 큰 낭패를 경험할 수 있다는 것이다. 시간이 지날수록 낮다고 믿었던 PER이 순이익의 감소를 반영하면서 높아지게 되기 때문이다.

2) PBR

$$PBR = \frac{시가총액}{자본총액} = \frac{1주당\ 가격}{주당순자산}$$

PBR_{Price Book value Ratio}(주가순자산배수)은 주가를 주당순자산〔기업의 순자산(자본총액)을 유통되는 주식수로 나눠서 구한다〕으로 나눠서 구해준다. PBR은 기업의 순자산 대비 몇 배에 주가가 거래되고 있는지를 나타내준다. 보통 PBR 1배 미만의 주식들은 그 기업에 투입된 순자산만큼도 기업가치로 인정받지 못하고 있는 것을 의미한다. 따라서 1배 이상의 주식보다 상대적으로 싸다고 할 수 있다. 반대로 1배 이상의 주식들은 현재 주가가 그 기업의 순자산보다 높게 형성되어 있어 상대적으로 비싸다고 할 수 있다.

PER과 PBR은 공통적으로 회계적인 이익과 장부가치를 기준으로 기업의 가치를 평가한다. 만일 의도적으로 회계적인 이익을 조정하거나 장부가치를 왜곡시킨다면 기업가치를 제대로 평가할 수 없게 된다.

3) EV/EBITDA

내가 투자한 금액을 현금으로 회수하는 데 몇 년이 걸리는가?

$$EV/EBITDA = \frac{EV}{EBITDA} = \frac{시가총액 + 순부채(이자발생부채 - 현금성자산)}{영업이익 + 감가상각비}$$

기업분석 리포트를 읽다 보면 EV/EBITDA 방식을 이용하여 기업가치를 계산하는 것을 자주 접할 수 있다. EV Enterprise Value는 기업의 전체 가격이라고 볼 수 있다. 현재 기업의 시가총액에 순부채 Net Debt(이자발생부채-현금성 자산)를 더해서 계산한다. EBITDA는 영업이익 EBIT에 감가 상각비 DA를 더해서 계산하며 사업을 통해 벌어들이는 현금을 의미한다.

EV/EBITDA | Enterprise Value / Earnings Before Interest, Tax, Depreciation and Amortization률) 기업을 매수할 때 지불해야 하는 금액(시가총액+순부채)이 영업활동을 통한 이익(영업이익+감가상각비)의 몇 배인가를 나타내는 지표

EV/EBITDA는 기업을 인수할 경우 실제 투자원금(EV)을 사업을 통해 벌어들이는 현금(EBITDA)으로 회수하는 데 얼마의 기간이 필요한지 알아보는 방법이다. PER과 마찬가지로 낮을수록 회수기간이 짧아지기 때문에 싸다고 할 수 있다. 역시 주가의 상대적인 매력만 알아볼 수 있다. PER은 시가총액과 순이익으로 계산하지만 EV/EBITDA는 기업의 순부채와 감가상각비까지 고려하는 점이 다른 부분이다.

4) PBR 3배도 비싼 것이 아닐 수 있다

PER, PBR, EV/EBITDA로 주가를 판단하는 것은 상당히 직관적이면서 상대적이다. PER 5배가 10배보다 싸다고 할 수 있고, PBR 2배가 1배보다 비싸다고 할 수 있는 것처럼 말이다. 그러나 상대적인 비교는 가능하지만 비교할 수 있는 상대가 없는 상황에서는 주가가 싼지, 비싼지 여부를 말해줄 수는 없다.

워런 버핏은 PER, PBR에 대해 자주 언급하는 편이다. 그러나 직관적으로

PBR이 1배이니까 싸다는 식의 결론을 내리지는 않는다. PBR 3배 이상의 가격에 코카콜라 주식을 매수하기도 했으며, PBR 1배 미만의 가격에 포스코를 매수하기도 했다. PER 5배 미만의 주식만 산다거나 PBR 1배 미만의 주식만 산다는 식의 단순한 기준으로 워런 버핏의 투자기준을 판단하기는 어렵다.

1989년 주주편지를 보면 1988~1989년 동안 PBR 3배 이상의 가격에 코카콜라 주식을 매수하면서도 상당히 만족해 하는 것을 알 수 있다. 워런 버핏이 과거 철도회사나 방직회사 등에만 관심을 기울이면서 시간을 보내던 시기에 코카콜라는 전 세계로 뻗어나갔다. 로베르토 고이주에타Roberto Goizueta나 돈 커우Donald R. Keough 같은 훌륭한 CEO들에 의해 주주들에게 상당한 부를 안겨주는 기업으로 성장했으나 그 동안 진가를 알아보지 못했던 데 대해 아쉬움을 나타내고 있다.

향후 살펴보겠지만, 사실 PER, PBR과 같은 상대가치 평가방법은 워런 버핏의 가치평가방법과 어느 정도 맞닿아 있다. 다만 기계적으로 '회계적 이익'만으로 평가하거나 사업구조를 고려하지 않고 획일적으로 적용하지 않는다. 방법론상으로는 다음에 소개할 '현금흐름 할인방법(DCF)'을 차용하고 있는데, 투자자가 지불해야 하는 기회비용보다 높은 이익을 거둘 때에만 경제적으로 의미가 있다는 '경제적 부가가치(EVA)'의 개념도 반영하고 있다.

워런 버핏의 방식이냐 그렇지 않느냐에 따라 결과는 달라질 수 있다는 데 주목할 필요가 있다. 일반적으로 증권사 애널리스트들은 해당 기업의 PER, PBR, EV/EBITDA가 주식시장의 평균치나 동종기업의 수치보다 낮으면 매수 의견을 내는 경향이 있다. 그러나 버핏 기준으로는 비교지표와 관계없이 비싸다는 결론에 이를 수도 있다.

워런 버핏의 가치평가방법을 좀 더 자세히 들여다보면, 상당히 '합리'적인 기준에 근거하고 있다는 것을 알 수 있다. '합리'를 통해 건전하지만 대체로 정확하게 산출한 기업가치를 기반으로 하고 있는데, 버핏이 사용했고 지금도 기업을 보면서 활용하고 있는 가치 평가 도구라고 하면 더욱 관심을 갖지 않을 수 없을 것이다. 물론 버핏이 공개적으로 자신이 매수한 기업의 내재가치나 내재가치 평가방법에 대해 구체적으로 언급하지는 않았

> **EVA** Economic Value Added
> **경제적 부가가치** | 세후영업이익에서 자본비용(기회비용)을 뺀 값으로 기업이 기회비용보다 추가적으로 창출한 가치를 말한다.

다. 그러나 지난 40여 년간 해마다 자신이 직접 작성해 온 버크셔 해서웨이 주주들에게 보내는 편지와 수많은 인터뷰 내용, 매년 열리는 버크셔 해서웨이 주주총회에서 언급한 내용들을 토대로 유추해 볼 수는 있다.

본격적으로 워런 버핏이 언급한 내용을 위주로 그가 사용한 가치평가 방법론의 베일을 벗겨보기 전에 워런 버핏 내재가치 평가방법의 근간을 이루는 현금흐름 할인방법에 대해 짚고 넘어갈 필요가 있다.

● 워런 버핏 방식과 유사한 현금흐름 할인방법

워런 버핏의 내재가치 계산방법을 이해하기 위해서는 현금흐름 할인방법 DCF(Discounted Cash Flow)을 이해해야 한다. 워런 버핏의 방식이 현금흐름 할인방법과 동일하지는 않지만 기본적인 개념이나 원리는 같기 때문이다.

현금흐름 할인방법이란 어떤 투자안의 현금흐름을 현재가치로 할인해서 모두 더해준 값을 그 투자안의 가치로 간주하는 것이다. 여기서 현금흐름은 대부분 잉여현금흐름을 말하는데, 세후영업이익NOPLAT(Net Operating Profit Less Adjusted Taxes)에서 투자에 소요된 자본을 차감하여 계산한다.

총 현금흐름	
	세후영업이익
	(+) 감가상각비
	(+) 무형자산 상각비
총 투자	
	(−) 영업활동자산부채증감
	(−) 유형자산 투자비용
	(+) 유형자산 처분
	(−) 무형자산 순투자
잉여현금흐름(FCF)	

세후영업이익 = 영업이익 × (1−유효세율)

사업의 잉여현금흐름은 그 사업으로 인해 벌어들이는 총 현금유입에서 사업을 유지하거나 확장하는 데 필요한 총 투자자금을 뺀 현금흐름을 의미한다. 말 그대로 기업이 사업을 영위하면서 순수하게 남은 현금흐름을 말하는 것이다. 이렇게 구한 현금흐름들을 기회비용Opportunity Cost인 할인율을 적용하여 현재가치화한 후 모두 더해준 수치를 사업의 가치로 판단한다.

> **기회비용 Opportunity Cost**
> | 어떤 한 가지 투자안을 선택할 경우 나머지 포기한 대안에서 얻을 수 있는 이익을 말한다.

기업 A가 가치를 가지려면 또 다른 기업 B나 여타 투자안보다 더 많은 수익을 투자자에게 안겨줄 수 있어야 한다. 여기서 기업 B나 다른 투자안은 기업 A에 투자함으로써 포기해야 하는 기회비용이며, 기업 A에 투자해서 얻게 되는 초과이익이 바로 기업 A의 내재가치가 되는 것이다.

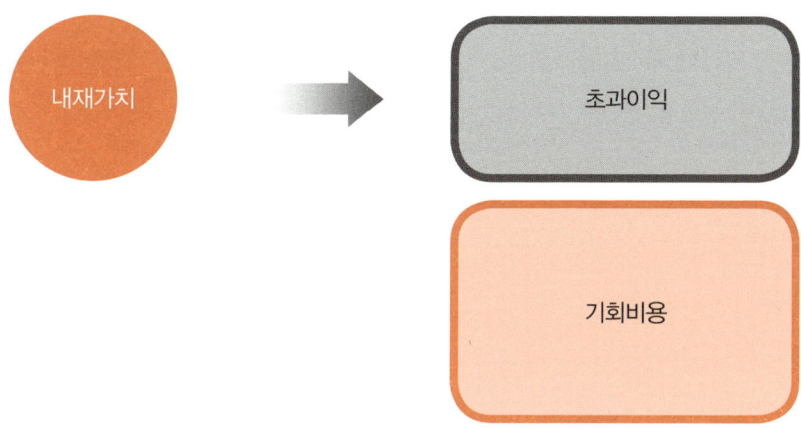

그런데 현금흐름 할인방법에서 기회비용으로 고려하는 것은 가중평균 자본비용WACC(Weighted Average Cost of Capital)이다. 주주나 채권자와 같이 기업에 관련된 이해 관계자들의 기회비용을 자본이나 부채와 같은 자금 조달 형태의 비중으로 가중평균하여 구해준다.

> WACC = (자본의 총자산에 대한 비중 × 자본요구수익률) + (부채의 총자산에 대한 비중 × 부채요구수익률)

현금흐름 할인방법을 통한 가치 측정의 핵심은 미래에 벌어들일 잉여현금흐름의 규모와 추세를 추정하는 데 있다. 미래의 잉여현금흐름의 규모와 시기를 추정하는 데는 미래에 얼마나 성장할 수 있는지와 언제 성장이 가능한지와 관련된 가정이 필수적이다. 성장률과 시기를 어떻게 가정하느냐에 따라 결과는 천차만별이 될 수 있기 때문이다. 현금흐름 할인방법으로 구한 수치를 검토할 때는 반드시 적용된 성장에 대한 가정을 확인해야 한다.

$$\text{현금흐름 할인방법에 의한 기업가치} = \frac{\text{1년 후 잉여현금흐름}}{(1+\text{가중평균자본비용})} + \frac{\text{2년 후 잉여현금흐름}}{(1+\text{가중평균자본비용})^2} + \frac{\text{3년 후 잉여현금흐름}}{(1+\text{가중평균자본비용})^3} + \cdots$$

현금흐름 할인방법(FCF)은 일정한 성장률이 적용된 미래 현금흐름을 토대로 기업가치를 추정하기 때문에, 성장률 가정에 따라 결과값의 차이가 커지는 단점이 있다. 또한 영구성장률이라는 개념이 S자 성장곡선을 그리며 비선형적으로 성장해 가는 기업들의 현실적인 모습과 괴리가 크다. 때문에 현실적인 부분을 감안해서 2단계 또는 3단계로 예상성장률의 차이를 두어 미래 현금흐름을 추정하는 모델들을 적용한다.

워런 버핏의 내재가치 계산법과 적정주가

워런 버핏은 자신을 현실주의자Realist라고 말한다. 투자에 있어서 이상적이고 이론적인 면에 매몰되지 않고, 철저히 현실만을 주목하려는 것이 워런 버핏 투자철학의 근간이다. 워런 버핏의 투자철학은 경제적 실체Economic Reality라는 표현으로 언급되며 내재가치를 계산하는 과정은 경제적 실체에 대한 끊임없는 집착과도 같다.

● 대학교육과 주식의 내재가치

워런 버핏이 정의하는 내재가치는 현금흐름 할인방법에서 가정하는 기업가치와 크게 다르지 않다. 현금흐름 할인방법을 근간으로 하고 있다고 봐도 무방하며 다만 좀 더 현실적인 워런 버핏만의 관점이 녹아들어 있다.

워런 버핏은 기업의 가치를 평가하는 것은 하나의 추정Estimation이라고 보고 있다. 따라서 그 결과는 사람마다 다를 수 있다는 것을 인정한다. 그러나 가치평가의 결과가 일치하지 않을 가능성을 인정한 것이지 가치 평가방법론 자체가 다를 수 있음을 인정하는 것은 아니다.

워런 버핏이 1960년대에 인수한 방직회사 버크셔 해서웨이(이하 버크서)의 규모가 커지고 주식시장에 상장도 하면서 늘어난 새로운 주주들에게 기업과 내재가치를 바라보는 관점을 소개한 주주 매뉴얼An Owner's Manual을 보면 워런 버핏의 내재가치에 관한 정의를 살펴볼 수 있다.

워런 버핏은 내재가치를 투자와 사업을 평가하는 유일한 논리적 접근이라고 정의한다. 간단히 한 사업의 남은 사업기간 동안 벌어들이는 현금의 할인된 가치로 소개하고 있어 앞서 살펴본 현금흐름 할인방법과 동일한 선상에 있음을 암시한다.

그렇다고 내재가치를 계산하는 것이 간단하지는 않다. 정확히 들어맞는 수치라기보다 추정이고 현금흐름 할인방법과 마찬가지로 할인율이나 미래현금흐름에 대한 예측에 따라 결과가 바뀔 수밖에 없기 때문이다. 이는 워런 버핏이 자신이 계산한 내재가치를 공개하지 않는 이유이기도 하다. 다만 버크셔 해서웨이의 경우, 내재가치를 계산하는 데 필요한 수치들을 주주들에게 보내는 편지를 통해 제시함으로써 다른 주주들도 워런 버핏과 동일한 관점에서 버크셔의 내재가치를 계산하도록 유도하고 있다.

워런 버핏은 내재가치의 계산방법을 대학교육의 투자가치를 계산하는 방법에 비유해서 설명한다. 대학교육에서 경제적인 면과 관련 없는 부분들은 배제하고 경제적인 부분에만 초점을 맞춰 설명하는데 내재가치의 개념을 이해하기 쉽게 풀어 쓰고 있다.

워런 버핏은 대학교육의 투자가치를 계산하려면 먼저 한 학생이 졸업 후 평생 벌어들일 수 있는 수입을 추정하고, 여기에서 학교에 들어가지 않았을 경우에 평생 벌어들일 수 있는 수입의 추정치를 빼줘야 한다고 말한다. 이것이 바로 초과이익인데, 이 초과이익을 적정한 이자율로 졸업연도까지 할인한 결과가 대학교육의 경제적인 내재가치라고 소개한다.

현금흐름 할인방법과 마찬가지로 대학교육의 내재가치 또한 기회비용을 초과하는 이익에 집중하고 있다. 대학에 들어가지 않았을 경우에 벌어들일 수 있는 수입이 바로 대학생의 기회비용인데 대학을 통해 벌어들일 수 있는 초과 수입이 바로 대학교육의 내재가치라고 언급하고 있다.

여기서 대학교육에 들어가는 교육비는 사업에 빗대어 설명하자면 사업에 투자된 자본이라고 볼 수 있다. 즉 대학교육의 장부가치Book Value라고 볼 수 있다. 어떤 학생들은 졸업 이후 대학교육에 투입된 교육비(장부가치)보다 훨씬 큰 경제적 성과를 이뤄 대학교육의 장부가치보다 내재가치가 훨씬 큰 경우도 있을 것이다. 반대로 장부가치에 못 미치는 경제적 성과를 거두는 경우도 물론 있을 것이다. 이것은 장부가치(자본총액)만으로는 기업의 적정한 내재가치를 계산할 수 없는 이유이기도 하다.

> **장부가치 Book Value** | 재무제표 내 자본총액을 말한다. 주주들에 의해 투하된 자본으로 회계적인 수치이다.

워런 버핏이 대학교육에 빗대어 설명한 내재가치 계산방법을 간단하게 표현하면 다음과 같다.

대학교육을 통해 평생 벌어들일 수 있는 수입의 현재가치(A)
= 졸업 1년 후 수입의 현재가치 + 졸업 2년 후 수입의 현재가치 +…

대학을 포기할 경우 평생 벌어들일 수 있는 수입의 현재가치(B)
= 올해 예상 수입 + 1년 후 예상 수입의 현재가치 + 2년 후 예상 수입의 현재가치 +…

대학교육의 내재가치 = A - B

대학교육을 그대로 투자로 바꾸어 보자. 투자의 내재가치는 투자에 따른 현금흐름에서 굳이 투자하지 않아도 생길 수 있는 현금흐름을 뺀 부분을 현재가치로 계산한 것이라고 정리할 수 있다.

대학교육의 내재가치 계산법에서 고려하고 있는 기회비용은 두 가지이다.

대학을 포기할 경우의 수입과 각각의 경우에서 발생하는 수입들의 이자수익이다. 실제 투자에서 고려하는 기회비용과 형태만 다를 뿐 기본적인 개념은 동일하다고 볼 수 있다.

대학을 포기할 경우의 수입은 복리로 표현되지 않지만(수입의 수입은 고려되지 않는다) 실제 투자에서는 다른 대안에 대한 수익이 복리로 표현된다. 따라서 할인해야 할 필요성이 생긴다. 두 가지의 기회비용을 반영해서 할인해야 기회비용이 정확히 고려된다.

실제 투자에 적용되는 내재가치 계산법을 정리하면 다음과 같다.

$$\text{투자의 내재가치} = \frac{1\text{년 후 현금흐름}}{(1 + \text{투자하지 않을 경우의 수익률} + \text{적절한 이자율})} + \frac{2\text{년 후 현금흐름}}{(1 + \text{투자하지 않을 경우의 수익률} + \text{적절한 이자율})^2} + \cdots$$

1992년 버크서 주주들에게 보내는 편지를 살펴보면 위의 내재가치 계산법이 간략히 언급되어 있다. 참고로 내재가치를 처음으로 언급한 존 버 윌리엄스 John Burr Williams는 내재가치에 대한 방정식을 저서 『투자가치 이론 The Theory of Investment Value』에서 다음과 같이 정의했다.

> 오늘 어떤 주식이나 채권, 사업의 가치는 해당 자산의 남은 기간 동안 창출할 것으로 기대되는(적절한 이자율로 할인된) 현금의 유입과 유출에 의해 결정된다.

존 버 윌리엄스의 정의는 위에서 언급된 내재가치 계산방법과 맥락을 같이 한다. 워런 버핏은 존 버 윌리엄스의 내재가치 계산방법은 채권과 마찬가지로 주식에도 적용된다고 설명한다. 다만 채권은 현금흐름을 결정하는 만기와 이자가 확정되어 있지만 주식은 직접 이자(현금흐름)를 추정해야 하는 것이 다르다고 말한다. 또한 경영진의 능력이 채권의 이자에 미치는 영향은 거의 없는 반면에 주식의 이자에 미치는 영향은 상당히 크다고 지적한다.

워런 버핏에 따르면 투자자는 반드시 현금흐름 할인방법에 의해 가장 싸게 보이는 투자안에 투자해야 한다. 해당사업의 매출액 성장 여부와 이익의 변동성, 현재 장부가치, 이익 수준은 내재가치를 계산하는 데 큰 관계가 없다고 언급하고 있다.

이 같은 언급을 토대로 워런 버핏의 내재가치에 대한 생각을 엿볼 수 있다. 투자안에서 창출되는 현금흐름을 예측하고 할인해서 내재가치를 계산한다는 기본적인 토대는 현금흐름 할인방법과 동일하다. 둘 다 미래의 현금흐름과 기회비용에 따라 기업가치의 변화폭이 커질 수 있다는 단점도 동일하다.

워런 버핏의 방식과 현금흐름 할인방법은 기본적인 논리는 동일하지만 실제 사용하는 현금흐름이나 할인율에서 큰 차이를 보인다. 무엇보다 기업가치 평가방법에 접근하는 철학이 크게 다르다. 워런 버핏의 방식을 공부하고자 하는 투자자들은 반드시 내재가치 평가방법의 중심에 흐르는 워런 버핏의 철학을 이해해야 한다.

● 주주이익을 주목하라

워런 버핏은 세후영업이익NOPLAT으로부터 도출한 잉여현금흐름FCF을 현금흐름으로 사용하지 않는다. 주주에게 귀속되는 현금흐름인 주주이익Owner Earnings을 현금흐름으로 사용한다. 워런 버핏이 사용하는 현금흐름은 철저히 주주의 관점에서 의미 있는 현금흐름으로 FCFE(현금흐름 할인방법DCF에서 사용하는 주주 입장의 잉여현금흐름)에 가깝다.

워런 버핏은 1986년에 작성된 주주편지에 첨부된 글Purchase-Price Accounting Adjustments and the Cash Flow Fallacy에서 주주이익에 관해 다음과 같이 설명한다.

> 주주이익은 공시된 이익에 감가상각, 감모상각 등의 현금유출이 없는 비용을 더하고, 사업이 장기적인 경쟁적 위치와 판매량을 충분히 유지할 수 있을 정도로 공장 및 기계설비에 투자되는 연간 유형자산 투자비용CAPEX(Capital Expenditure)의 평균치를 빼서 계산한다.

이익에 감가상각비와 같은 실제 현금이 나가지 않는 비용을 더해주는 것은 회계적인 이익이 아닌 사업을 통해 벌어들인 실제 현금에 집중하겠다는 의미이다. 여기에서 유형자산 투자비용CAPEX(공장 및 설비 투자비용)을 빼주는 것은 사업을 계속 영위하는 데 필요한 부분은 주주 입장에서 잉여가 아니기 때문이다. 사업을 통해 실제 회사에 남게 되는 현금흐름을 추정함으로써 철저히 주주에게 의미 있는 현금흐름을 구하는 것이다.

사업의 현재 위치를 유지하기 위해 운전자본Working Capital(사업을 하는데 필수적으로 투입되어야 하는 자금으로 유형자산에 직접적으로 투자되지는 않으며 제품을 제조하고 판매하는 일상적인 활동에서 필요한 자금을 말한다)이 예전보다 더 필요한 상황이 되었다면 운전자본 증가부분도 CAPEX에 포함해서 빼줘야 한다고 언급하고 있다. 사업을 유지하는 데 필요한 현금은 CAPEX와 마찬가지로 주주 입장에서 잉여현금이 아니기 때문이다. 운전자본의 증가가 이후에도 사업을 지속해 나가는 데 불가피하다면 CAPEX와 같은 맥락으로 봐야 하는 것이다.

> **주주이익** = 순이익 + 비현금유출비용(감가상각비, 감모상각비 등) − 연간 CAPEX 평균값
> − 운전자본의 증가
> (운전자본의 증감은 사업환경의 변화로 인해 향후에도 불가피하다고 판단될 경우에 반영)

일반적인 현금흐름 할인방법에서 사용하는 현금흐름인 잉여현금흐름(FCF) 역시 감가상각비와 같은 현금유출이 일어나지 않는 비용을 더해주고 CAPEX를 빼주며 운전자본의 증감을 고려한다. 그러나 FCF는 영업적인 부분만 고려된 세후영업이익에서 출발하지만 주주이익은 영업외적인 부분까지 고려된 순이익에서 시작하는 것이 다르다. 주주이익은 현금흐름 할인방법(DCF)에서 사용되는 일반적인 FCF가 아니라 철저히 주주에게 귀속되는 현금흐름을 말한다.

주주이익은 장기적인 안목으로 기업의 사업에 대해 주목하고자 노력해온 워런 버핏 투자철학의 핵심이라고 할 수 있다. 영업외적으로 발생하는 이자손익과 같은 현금발생비용 또한 주주에게는 의미가 있기 때문에 세후영업이익보다는 순이익에서 출발하는 것이 주주 입장에서 현실적이다.

영업이익과 순이익의 차이가 클 경우

　기업의 재무제표를 살펴보다 보면 현금유출입과 관련 없는 비용들로 인해 영업이익과 순이익의 차이가 커서 재무제표가 왜곡되는 경우를 발견할 수 있다. 그러나 어느 한 해의 실적만으로 주주이익을 추정하는 것이 아니기 때문에 장기적인 실적을 검토해서 계산한다면 왜곡된 부분으로 인해 잘못된 결론이 내려질 가능성을 상당 부분 줄일 수 있을 것이다.

　다만 구조적으로 영업외적인 부분의 변동이 순이익에 미치는 영향이 큰 사업이라면 사업의 구조를 반영해서 주주이익을 추정해야 한다. 이 경우 영업외적인 부분은 따로 가치를 평가하여 영업적인 부분만 고려된 내재가치에 더해주는 것이 바람직하다.

　FCF 또한 궁극적으로는 실제 현금발생비용인 이자손익을 반영한다. 기회비용인 가중평균자본비용 WACC을 계산할 때 채권자의 기회비용(이자비용)을 반영해주기 때문에 전체적으로 부채와 관련된 비용이 반영된다고 볼 수 있다. 그러나 이자손익을 채권자의 기회비용으로 할인율에 반영해주는 것은 주주 입장에서 현실적이지 않다. 할인율에 채권자의 기회비용을 적용하는 것은 이자비용이 창출하는 이자비용까지 고려하는 것을 뜻한다. 즉, 복리로 반영해주는 것을 말하는데 주주 입장에서는 채권자의 기회비용의 비용까지 고려하는 것은 기회비용을 과도하게 반영하는 것이다.

　워런 버핏은 주주이익을 계산할 때 CAPEX의 일시적인 변화를 바로 반영하는 것이 아니라 사업을 유지하는 데 필요한 CAPEX의 평균값을 추정해야 한다고 말한다. 운전자본 또한 일시적인 변화가 아니라 사업의 경쟁력 변화에 따라

운전자본 변화가 향후에도 지속적으로 예상된다면 추정하여 반영해줘야 한다고 말하고 있다. 여기서 중요한 질문을 하나 던진다. 사업을 유지하는 데 필요한 CAPEX의 평균값과 운전자본의 변화를 반영해서 추정한다는 것은 무슨 이야기일까? 그것은 그 사업에 대해 잘 알고 있어야 한다는 것을 말한다. 사업에 대한 정확한 이해가 없이 최근 발생한 CAPEX가 일시적인 것인지, 향후에도 지속적으로 투입될 수밖에 없는 규모인지 분별할 수 없기 때문이다. 운전자본의 변화는 더더욱 사업의 환경에 대해 파악하지 않고는 판단이 어렵다. 기업의 사업환경과 밀접히 관련되어 있기 때문이다.

이제 직접 재무제표를 보면서 주주이익을 추정해가는 과정을 살펴보자. 다음은 코스닥 기업 A의 현금흐름표이다.[2]

(단위: 억 원)	2012	2013	2014	2015
당기순이익(1)	295	334	382	432
현금유출이 없는 비용 가산(2)				
감가상각비	38	39	39	41
(1)+(2)				
유형자산투자(3)	53	23	79	131
주주이익(1)+(2)+(3)	280	350	342	342

기업 A는 대략적으로 2012년 280억 원, 2013년 350억 원, 2014년 342억 원, 2015년 342억 원의 주주이익을 냈다. 2012년부터 2015년까지의 기간 동안 운전자본에서 특이할 만한 변화는 없었기 때문에 운전자본의 변화는 고려하지 않았다. 여기서 기업 A의 적정 주주이익은 얼마로 봐야 할까? 단순히 과거 4년 동안의 값을 평균해야 할까? 물론 어디까지나 추정이기 때문에 계산하는 사람에 따라 다른 값이 계산될 수 있다. 그러나 단순히 과거 4년간의 결과를 평균해

서 미래의 주주이익을 추정하는 것은 기업의 현실과는 동떨어진 결론으로 이어질 수 있기 때문에 주의해야 한다.

다시 표를 보자. 기업 A를 보면 2015년에 무려 131억 원에 달하는 유형자산 투자CAPEX가 발생했다. 그 이전 3년간은 현금 유출이 없는 비용과 엇비슷한 규모로 유형자산 투자가 발생했다. 현실적인 유형자산 투자 규모를 추정하기 위해서는 반드시 2015년에 대규모로 발생한 유형자산 투자 내용을 파악해야 한다. 2015년의 투자가 일회성 투자인지 반복적인 투자인지를 파악해야 하며 반복적이라면 몇 년 후에 동일한 규모의 투자가 필요할 것인지에 대해서도 체크해야 할 필요가 있다.

만일 2015년의 131억 원에 달하는 설비투자가 4년마다 필요한 사업이라면 적정 수준의 주주이익을 2013년이나 2014년 수준의 연장선상에서 추정하는 것은 너무 공격적인 결과일 수 있다. 그러나 2015년의 설비투자가 일회성에 불과하고 최소 20여 년 이상 동일한 규모의 설비투자가 필요하지 않다면 2015년의 정체된 주주이익 성장 추세는 적정 주주이익을 추정할 때 배제하고 생각해야 할 것이다.

워런 버핏은 주주이익의 한계에 대해 솔직히 인정한다. 현실적으로 개별 기업별로 적정 수준의 주주이익을 아주 정확하게 계산해내는 것은 불가능하다. CAPEX와 운전자본의 증감 부분이 전적으로 투자자 개인의 추정에 근거하기 때문이다. 하지만 워런 버핏은 여전히 회계적인 이익보다 주주이익을 투자에 있어 더 중요한 개념으로 생각하고 있다. "나는 정확히 틀리는 것보다 차라리 애매하게 맞추고 싶다"는 케인스J. M. Keynes의 말을 빌려 그 이유를 대신한다. 회계적으로 공시된 이익을 바탕으로 정확히 틀린 기업가치를 계산하는 것보다 주주에게 현실적으로 의미 있는 주주이익을 통해 애매하게나마 맞는 기업가치를 계산하는 것이 실제 투자현실에서 더 중요하다고 보는 것이다.

● 운전자본의 증가는 빨간 신호등

주주이익을 구할 때 마지막에 고려해야 하는 운전자본에 대해 살펴보자. 특별한 경우가 아니라면 기업활동은 다음과 같이 정리할 수 있다.

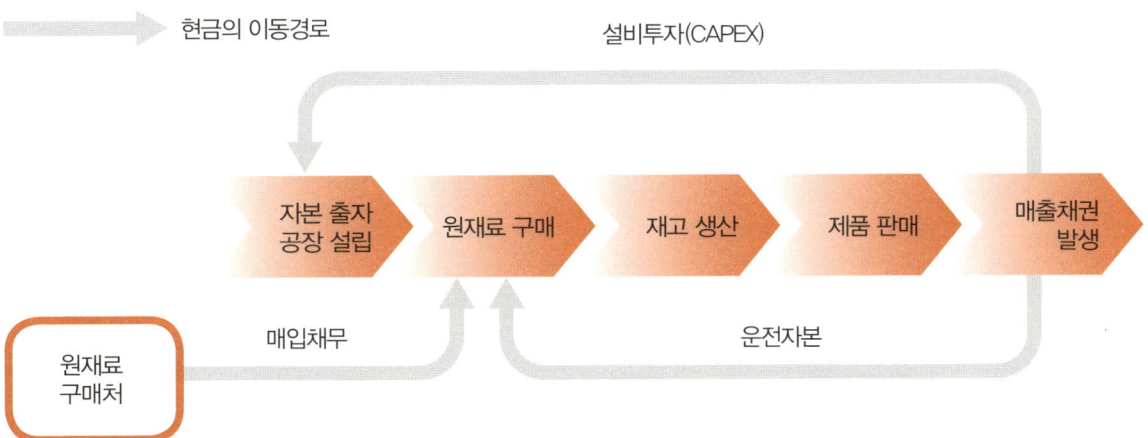

자본이 출자되고 공장이 설립되면 원재료를 구매하여 제품을 생산한다. 생산된 제품은 판매되어 현금으로 회수되며 회수된 현금은 공장의 설비투자에 쓰이거나 다시 제품생산에 사용된다. 원재료를 구매하는 과정에서 보통 전부 현금으로 구매하지 않기 때문에 유동부채인 매입채무가 발생하게 되고 제품 판매 역시 바로 현금으로 받지 않을 경우 유동자산인 매출채권이 발생하게 된다.

설비투자를 제외하고 기업이 결국 일상적으로 기업활동을 유지해 나가는 데 필요한 자금은 재고자산과 판매된 제품을 만드는 데 필요한 자금이다. 그러나 원재료를 구매할 때 외상으로 구매하기 때문에 그만큼 자금이 덜 필요하게 된다. 재고자산과 판매된 제품을 만드는 데 필요한 자금의 규모는 재무상태표의 재고자산 계정과 매출채권 계정을 통해 확인할 수 있다. 외상으로 원재료를 구매하는 자금의 규모는 매입채무 계정을 통해 확인할 수 있다. 기업은 재고자산과 매출채권을 더한 규모의 자금이 기업활동을 할 때 항상 필요한데, 매입채무만큼 돈을 빌려 쓸 수 있는 셈이므로 '**재고자산＋매출채권－매입채무**'의 현금을 항상 확보하고 있어야 한다. 이것을 운전자본이라고 한다.

이제 운전자본의 변화에 대해 살펴보자. 운전자본의 수준은 항상 매출액과 비교해서 생각해야 한다. 매출액이 증가하면 운전자본의 절대적인 규모 역시 증가할 수밖에 없기 때문이다. 만일 과거에 비해 매출액 대비 운전자본의 비중이 증가했다면 이는 재고자산과 매출채권을 현금화하는 데 문제가 발생했거나 매입채무를 현금으로 지급해야 하는 기간이 짧아졌다는 것을 의미한다. 즉 받을 돈은 늦게 받고 줄 돈은 빨리 주는 것이다. 재고자산과 매출채권을 현금화하는 데 문제가 발생한 경우는 거래기업의 경영상황이 악화되었거나 거래기업의 교섭력이 강화된 경우이다. 매입채무 역시 거래기업의 교섭력이 강화되어 빨리 현금을 지급하지 않고서는 원재료를 확보하기 어려워진 경우라고 볼 수 있다. 운전자본이 늘어난다는 것은 기업활동을 하는 데 필요한 현금의 규모가 늘어나는 것으로 경영환경이 좋지 않게 변한 것이다.

경영환경의 변화로 인해 운전자본의 증가가 장기화된다면 일종의 설비투자와 같이 이익을 내는 데 필수적인 부분으로 봐야 한다는 것이 워런 버핏의 입장이다. 이런 경우 주주이익을 계산할 때 운전자본의 증가분을 반영해줘야 하는 것이다.

기업의 재무상태표는 그것을 공개하는 시기의 재무상태만 나타내주는 일종의 스냅사진이다. 즉 하나의 물건을 칼로 자른 단면과 같기 때문에 재무상태표만으로는 기업활동을 하는 데 필요한 운전자본을 정확히 알기는 어렵다. 다만 재무상태표의 수치들로 추정할 뿐이다. 따라서 최근 1~2년간의 재무상태표만 봐서는 운전자본의 변화를 알기 어렵다. 자연스럽게 장기간의 재무제표를 검토해볼 수밖에 없으며, 이를 통해 기업환경의 변화를 느껴야 하며, 이 과정에서 세밀한 분석이 요구된다.

일반적으로 회계학 서적들은 운전자본을 순운전자본 Net Working Capital의 개념으로 설명한다. 유동자산에서 유동부채를 빼준 값을 순운전자본으로 소개하는데 위에서 설명한 내용에 현금성 자산을 더해주고 단기차입금을 빼주면 동일하다.

그런데 유동자산에서 유동부채를 뺀 순운전자본을 유동성의 개념으로 정의한다. 이는 유동자산에 포함된 매출채권과 재고자산이 결국 정상적으로 현금으로 회수된다는 가정을 전제하고 있다. 1년 이내에 돌려줘야 하는 자산(유동부채) 대비 현금화 가능한 자산(유동자산)의 규모를 비교함으로써 단기적인 유동성 위기에 직면할 가능성이 있는지 여부를 체크한다. 유동자산이 유동부채보다 많다면 1년 이내에 유동성에 문제가 생길 가능성이 없다고 보는 측면에서 순운전자본 관리가 재무관리 목적상 중요성을 갖게 된다.

그러나 워런 버핏은 기업환경의 변화로 인해 운전자본이 증가할 수밖에 없는지에 초점을 두고 있다. 단순히 순운전자본을 구해서 단기적인 유동성을 체크하는 것과는 질적으로 다른 이야기이다.

예제로 제시된 기업의 재무제표를 통해 직접 운전자본의 변화를 체크해보자. 다음은 거래소에 상장된 기업 A[3]의 10년간 운전자본의 추이를 간략히 정리한 것이다.

(단위:조 원)	2005	2006	2007	2008	2009	2010	2011	2012	2013	2014	2015
유동자산(1)	8.3	7.8	8.7	13.6	12.9	13	13.9	12.6	11.9	11.6	11.4
현금성자산(2)	3.1	3	3.2	3.6	6.1	2.9	2.4	3	3.6	3.3	4.9
유동자산 중 비현금성자산(3) (1)-(2)	5.2	4.8	5.5	10	6.8	10.1	11.5	9.6	8.3	8.3	6.5
유동부채(4)	3.7	1.7	2.8	4.2	2.6	5.8	5	4.5	3.7	3.5	3.8

단기차입금(5)	0.9		0.4	0.5	0.4	2.8	3.2	3.3	2.6	2.2	2.8
유동부채 중 비현금성부채(6) (4)-(5)	2.8	1.7	2.4	3.7	2.2	3	1.8	1.2	1.1	1.3	1
운전자본 (3)-(6)	2.4	3.1	3.1	6.3	4.6	7.1	9.7	8.4	7.2	7	5.5
매출액	21.6	20	22.2	30.6	26.9	32.5	39.1	35.6	30.5	29.2	25.6
매출액 대비 운전자본	11.1%	15.5%	14.0%	20.6%	17.1%	21.8%	24.8%	23.6%	23.6%	24.0%	21.5%

매출액 대비 운전자본 비중 추이[4]

매출이 늘어나면 자연스럽게 매출채권과 재고자산의 규모가 커져 운전자본이 늘어나게 마련이다. 기업 A 또한 2005년부터 2011년까지 매출액이 증가하면서 운전자본도 2.4조 원에서 9.7조 원까지 증가하게 되었다. 그러나 2008년 금융위기를 전후로 운전자본의 증가 속도가 매출액 증가 속도보다 더 빨라져 매출액 대비 운전자본의 비중이 증가했다는 부분에 주목할 필요가 있다. 금융위기 이전에는 2008년을 제외하고 20% 미만 수준이었으나, 금융위기 이후에는

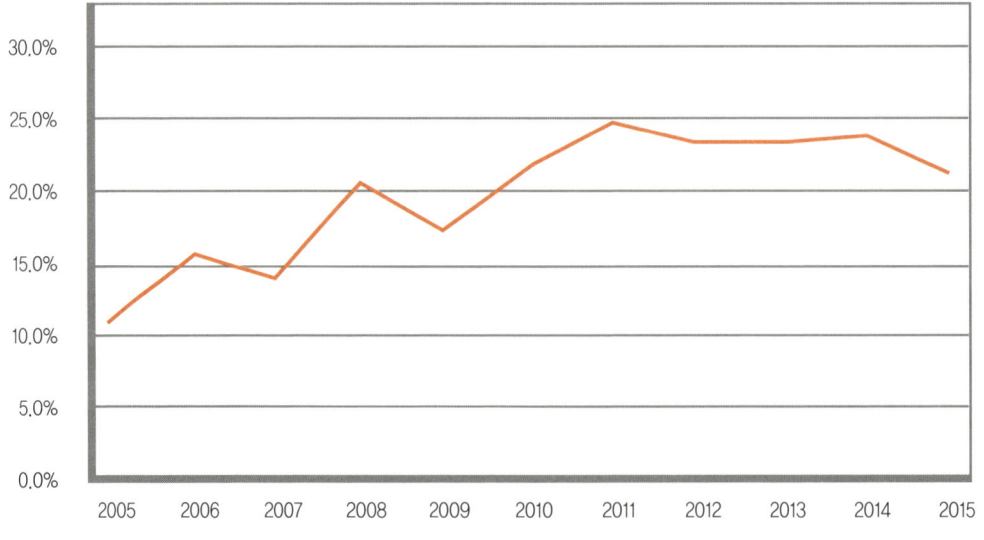

매출액 대비 운전자본 비중 추이

2009년을 제외하고 20%를 훨씬 상회하고 있다.(2008년과 2009년은 대외 경제 상황의 급변에 따라 추세 파악에서 제외하고 볼 필요가 있다.)

기업 A의 기업환경에 금융위기를 전후로 좋지 않은 변화가 생겼다고 추정할 수 있다. 버핏에 의하면 이런 부분이 향후에도 지속될 것으로 예상될 경우 적정 주주이익 계산 시 반영해줘야 한다.

현실적으로 투자 대상 기업 분석 중 위와 같은 상황에 직면할 경우, 산업의 생태계 내에서 힘을 잃어가는 상황이므로 저평가 판단이 들더라도 투자에서 배제하는 것이 바람직하다. 그러나 반대의 상황에서는 오히려 해자가 더욱 강력해지는 신호가 될 수 있기 때문에 긍정적으로 볼 필요가 있다. 마찬가지로 보유 중인 기업의 경우, 위와 같은 변화가 감지되었다면 내재가치를 다시 평가해서 계속 보유해야 할지 판단해야 한다. 반대의 변화가 감지되는 경우도 마찬가지다.

● 유형자산 투자비용을 꼭 고려하라

EBITDA Earnings Before Interest, Tax, Depreciation and Amortization(영업이익에 감가상각비와 같은 비현금유출비용을 더한 값으로 영업을 통해 벌어들이는 현금을 의미한다)를 가치평가에 사용할 때의 문제점은 CAPEX(유형자산 투자비용)를 전혀 고려하지 않는다는 데 있다. 주주이익이 투자자마다 다를 수 있는 이유는 추정하는 미래 이익 수준이 다르기도 하지만 CAPEX 부분이 전적으로 추정에 근거하기 때문이라고 설명한 바 있다. 워런 버핏은 주주편지를 통해 CAPEX를 빼지 않은 이익으로 기업가치를 계산하는 것에 대해 강력하게 비판한다. 그만큼 CAPEX에 민감한데 CAPEX는 단순한 비용이 아니라 사업을 건강하게 유지시켜주는 밑바탕이기 때문이다.

1986년 버크셔 주주들에게 보내는 편지를 보면 CAPEX를 고려하지 않은 기업가치 산정방식에 대해 강도 높게 비판하는 워런 버핏의 견해를 살펴볼 수 있다. CAPEX를 고려하지 않고 공시된 이익에 감가상각비와 같은 현금이 유출되지 않는 비용을 더해서 계산하는 방법은, 결코 설비자산을 대체하거나 개선할 필요가 없는, 마치 영원히 변하지 않는 자산을 바탕으로 하는 사업인 것처럼 투자자를 기만하는 행위라고 말한다. 당시는 주가가 높은 시기이다 보니 투자은행가들이 상대적으로 수치가 낮아 보이게 만들 수 있는 EV/EBITDA 방식을 이용하여 기업가치를 많이 계산하곤 했다. 워런 버핏은 만일 투자은행가들의 방식이 옳다면 미국 정부에서 발표하는 미국 전체 공장 및 설비투자 통계는 90%가 감소해야 한다고 말할 정도로 EV/EBITDA 방식의 비현실성에 대해 신랄하게 비판했다.

그러나 모든 분야에서 CAPEX가 고려되어야 하는 것은 아니다. 한번에 현금유출이 크게 발생하고 향후 무시할 수 있을 정도로 미미하게 현금유출이 발생하는 사업의 경우는 EV/EBITDA 방식이 적합할 수 있다고 언급한다. 다리를 건설하여 통행료를 받는 사업이나 상당히 오랫동안 추출할 수 있는 가스유전사업을 예로 들고 있다. 그러나 제조업, 소매업, 유틸리티산업에서는 EBITDA는 아무런 의미를 갖지 못하는데 CAPEX가 항상 발생할 수밖에 없으며 사업이 지속되기 위해 CAPEX 투자는 상당히 중요하기 때문이다. 이런 종류의 사업이 어떤 한 해에 CAPEX 투자를 미룰 수는 있어도 5년, 10년의 기간 동안 투자를 미룬다면 퇴보할 수밖에 없다고 비판한다.

워런 버핏은 CAPEX를 고려하지 않은 방식을 단지 주식가격이 너무 올라 어떠한 근거를 갖다 붙여도 정당화되기 어려운 가격을 정당화시키려는 노력으로 치부한다. CAPEX는 그저 서류상 무시한다고 현실 세계에서 없어지는 것이 아니며 기업가치를 산정할 때 CAPEX를 무시하는 투자자는 반드시 어려움에 처할 수 있다고 경고한다.

EBITDA에 대한 워런 버핏의 견해는 상당히 현실적이다. 보통 증권사 애널리스트들의 리포트에서 EV/EBITDA 방식을 확인할 수 있는 경우는 CAPEX 규모가 큰 장치산업이나 설비산업인 경우가 많다. 워런 버핏 기준으로 보면 이익에 비해 자본 투입 규모가 큰 사업은 주주에게 의미가 없다. 지속적으로 투입해야 하는 CAPEX 규모도 크기 때문에 주주이익을 계산하면 마이너스가 나오는 경우가 많기 때문이다. 하지만 이런 사업은 그만큼 감가상각비도 크기 때문에 EBITDA만 계산해서 EV를 나눠준 숫자는 CAPEX를 고려하거나 단순히 이익만 고려했을 때보다 낮게 계산되어 훨씬 매력적인 가격으로 보이게 해준다.

이런 사업을 투자에서 무조건 배제해야 하는 것은 아니다. 하지만 워런 버핏의 관점에서 보면 주주에게 의미 있는 잉여현금흐름이 발생하지 않거나 규모가 작아 상대적으로 매력적이지 않은 사업이다. 어떠한 사업에 지속적으로 대규모 CAPEX가 들어가야 하는데도 불구하고 EBITDA만으로 기업가치를 계산하여 현재 주가 수준을 판단하는 것은 코끼리의 뒷다리만으로 전체를 판단하는 것과 다르지 않을 것이다.

따라서 EV/EBITDA로 계산된 적정 기업가치는 반드시 해당 기업의 CAPEX 규모를 살펴본 후 참고해야 한다. 그래야 현실과 동떨어진 투자판단으로 이어질 가능성이 낮아질 수 있다. 주주이익을 계산할 때 반드시 적정 CAPEX 규모를 추정하고 빼주는 것이 중요한 이유이다.

● 워런 버핏이 사용한 할인율

앞서 내재가치 구하는 방법에 대해 설명할 때 반드시 기회비용을 고려해야 한다고 설명한 바 있다. 내재가치는 주주이익을 기회비용이 반영된 할인율로 할인하면 구할 수 있다.

$$\text{투자의 내재가치} = \frac{\text{1년 후 현금흐름}}{(1 + \text{투자하지 않을 경우의 수익률} + \text{적절한 이자율})}$$

$$+ \frac{\text{2년 후 현금흐름}}{(1 + \text{투자하지 않을 경우의 수익률} + \text{적절한 이자율})} + \cdots$$

그렇다면 워런 버핏이 고려하는 기회비용은 얼마일까? 워런 버핏이 공개적으로 할인율과 관련해 언급한 내용을 통해 워런 버핏이 사용하는 할인율을 추정해보자. 그는 1994년 버크셔의 주주총회에서 다음과 같이 할인율에 대해 언급한 바 있다.

> 장기 채권 수익률이 7%인 시대라면 우리는 확실히 최소한 10%의 할인율로 세후 현금흐름을 할인해서 생각하고자 했을 것이다. 그러나 그것은 우리가 사업에 대해 느끼는 확실성에 근거할 것이다. 우리가 사업에 대해 더 확실하게 느낄수록 우리가 하고자 하는 거래에 가까워진다. 우리는 흥미를 느끼기 전에 상당한 확실성을 먼저 느껴야 한다. 그러나 확실성에는 단계가 있다. 만일 우리가 30년이 넘는 기간 동안 정말 확실하게 느끼는 현금흐름을 얻을 수 있다는 판단이 선다면 우리는 어떤 특별한 일이 발생할 것이라고 기대되거나 특별한 일이 발생할 가능성이 크다고 생각되는 경우보다 다소 낮은 할인율을 적용할 것이다.

4년 뒤인 1998년 주주총회에서는 좀 더 구체적으로 언급하는데 직접적으로 미국 장기 국채 수익률을 사용한다고 밝히고 있다.

> 내재가치를 계산하기 위해서는 그 사업에서 창출될 것이라고 기대되는 현금흐름을 구하고 그것들을 현재가치로 할인해줘야 한다. 우리의 경우는 미국 장기 국채

수익률을 이용한다. 할인율을 높인다고 그만큼 보상받을 수 있는 것은 아니다. 그러나 미국 장기 국채 수익률에 의해 할인된 현재가치는 사업가치 측정에 있어서 하나의 공통된 잣대로 사용될 수 있다.

하지만 2007년 주주총회에서는 공식적인 할인율을 갖고 있지 않다고 밝혀 일견 투자자들을 혼란스럽게 만들기도 한다.

우리는 공식적인 할인율을 가지고 있지 않다. 우리는 투자의 잣대로 사용하는 국채(만일 국채 수익률이 2~3% 선이라면 잣대로 보기 어렵다)보다 상당히 높은 이익을 원한다. 이는 우리가 편안하게 느끼기 충분한 수준이다. 원래 불명확하기 때문에 좀 혼란스럽게 들릴 것이다.

워런 버핏이 정확히 어떤 수치를 할인율로 사용하는지 명확히 알기는 어렵다. 30년 만기 미국 국채 수익률을 하나의 잣대로 사용하는 것은 확실하지만 무조건 적용하는 것은 아니기 때문이다.

그런데 앞서 인용한 워런 버핏의 할인율 관련 발언들은 당시 미국 장기 국채 수익률 수준과 연관해서 생각해야 한다. 1994년 30년 만기 미국 국채 수익률은 12월 기준으로 7.87%던 데 반해, 1998년과 2007년은 5.06%와 4.53%다. (다음 그래프 참고)

30년 만기 미국 국채 수익률, Fred

　주주편지를 통해 종합적으로 유추해보면 워런 버핏은 보통 미국 장기국채 수익률에 적절한 수준의 인플레이션과 소득세율을 감안하는 것으로 결론지을 수 있다. 워런 버핏이 주식의 투자 매력에 대해 미국 장기 국채 수익률과 비교해서 언급한 부분이나 인플레이션 및 소득세와 관련해서 설명하는 부분을 통해 이를 유추해볼 수 있다. 또한 할인율의 상한선은 특별히 정해두지 않았으나 하한선은 나름대로 확실해 보인다. 국채 수익률이 2~3% 수준이라면 곤란하다고 언급한 점에서 국채 수익률이 하한선 밑으로 떨어지더라도 할인율로 사용하는 것은 아니라는 것을 알 수 있다.

> 버핏의 할인율 = Max(무위험수익률+인플레이션+세율, 할인율의 하한선)
> (Max : 두 값 중에서 큰 값을 취한다)

　워런 버핏이 모든 사업에 대해 위험 프리미엄을 감안한 자본요구수익률을 할인율로 사용하지는 않는다는 것에 주목할 필요가 있다. 사업의 리스크는 사업에 대한 자체적인 분석을 통해 파악해야 한다는 것이 워런 버핏의 기본적인 입장이다. 자신이 이해할 수 없는 사업에까지 위험 프리미엄을 감안한 할인율을 적용하여 내재가치를 계산하지 않는다. 사업 자체에 대해 이해할 수 없다는 결론을 내리면 아무리 주가가 떨어져도 매수하지 않는다. 이해할 수 없는 사업에 대해서는 보통주에 비해 상대적으로 리스크가 제한되어 있는 전환사채나 전환상환우선주 등의 방법으로 투자한다.

이것이 바로 워런 버핏 투자의 핵심이라고 할 수 있다. 워런 버핏은 절대 밸류에이션과 사업분석을 따로 놓고 생각하지 않는다. 사업에 대한 분석을 통해 이해할 수 있는 사업이고 경제적 해자Economic Moat(사업의 우위를 지켜주는 무형의 자산)가 견고하다는 판단이 선 뒤에야 내재가치 계산을 통해 매력적인 매수 가격대를 계산하는 것이다.

참고로 이러한 워런 버핏의 견해는 스승인 벤저민 그레이엄Benjamin Graham의 견해와도 동일 선상에 있다. 벤저민 그레이엄은 저서 『증권분석Security Analysis』을 통해 투자의 안정성은 결코 높은 수익률로 보상받지 못한다고 주장한다. 워런 버핏 또한 내재가치를 계산할 때 단순히 할인율을 높게 적용한다고 해서 수익을 보상받을 수 있는 것은 아니라고 말한다.

워런 버핏은 할인율을 계산할 때 구매력을 유지시켜주는 요구수익률인 예상 인플레이션율을 반영한다. 1979년에 워런 버핏이 작성한 주주편지를 보면 워런 버핏이 투자할 때 인플레이션을 상당히 중요한 요소로 고려하고 있다는 것을 알 수 있다. 당시는 제2차 석유파동이 일어난 시기였으며 인플레이션이 두 자릿수에 육박하던 때다.

1979년 이전에는 주당순자산가치가 20%로 성장하는 사업은 투자자들에게 상당히 성공적인 투자 결과를 보장할 수 있었지만 고(高)인플레이션과 세율을 고려하면 향후에는 매력적이지 않을 수 있다고 지적했다. 3% 수익률의 저축채권, 5% 수익률의 은행 저축계좌와 8% 수준의 장기 국채는 두 자릿수에 육박하는 인플레이션을 고려하면 투자자들의 구매력을 강화하는 수단이기 보다 갉아먹는 수단으로 전락하게 될 것임을 경고했다.

워런 버핏은 만일 버크셔가 1979년 이후에도 계속 자본에 대해 20%의 수익을 복리로 거둔다면 버크셔의 시장가치는 그만큼 올라가겠지만 14%의 인플레이션 상황에서는 투자자들의 세후구매력은 거의 증가할 수 없다고 지적했다. 20%의 명목적인 수익을 현금으로 바꾸려면 6%에 달하는 소득세를 부담해야 하기 때문이다. 인플레이션과 기업의 연간 이익이 투자자들의 주머니로 들어올 때 공제하게 되는 세율을 투자자의 불행지수라고 표현할 정도로 인플레이션과 세율을 투자에서 중요하게 생각했다. 최소한 기업의 자본이익이 인플레이션과 세금보다는 높아야 투자 가치가 있다는 것이다.

워런 버핏이 인플레이션에 대해 언급한 부분은 1999년 주주편지에서도 찾아볼 수 있다. 버크셔의 부회장 찰리 멍거Charlie Munger와 함께 1999년 이전에 한동안 2%의 인플레이션을 가정해왔음을 밝힌다. 물론 2%의 정확성에 대해서는 확신할 수 없지만 인플레이션이 반영되는 인플레이션 보장 국채(TIPS)의 가격이 보통 국채보다 2% 높았기 때문에 단순히 시장의 의견을 충분히 반영해준 것이라고 언급한다.

2004년 주주총회에서 그리스 출신의 어느 주주는 인플레이션 시기에 투자자가 어떻게 해야 하는지 질문했었다. 워런 버핏은 인플레이션 기간 동안 가격결정권을 가진 시즈 캔디See's Candy와 같은 기업에 투자할 것을 권유한 바 있다. 최소한 투자하는 기업이 인플레이션은 이겨낼 수 있어야 함을 지적한 것이다.

워런 버핏 내재가치 계산공식

현금흐름 할인방법DCF과 워런 버핏의 내재가치 계산방법은 미래 현금흐름을 현재가치화해서 모두 더해준다는 기본적인 틀은 동일하다. 그러나 현금흐름을 계산하는 방식에서 차이가 있다. 일반적으로 DCF는 세후영업이익 NOPLAT에서 산출되는 잉여현금흐름 FCF을 현금흐름으로 가정한다. 그러나 워런 버핏은 순이익NI으로부터 계산할 수 있는 주주이익을 현금흐름으로 가정한다. DCF에서도 주주 입장의 현금흐름인 FCFE를 정의하고 있지만 워런 버핏이 이야기하는 주주이익과는 추정의 방식에서 차이가 있다.

DCF에서 사용하는 할인율은 기업의 각 이해 관계자들의 기회비용이 자본구조에 따라 가중평균된 가중평균자본비용WACC을 사용한다. 그러나 워런 버핏은 주주에게만 의미 있는 자본비용을 할인율로 사용한다. 위험프리미엄을 반영하지 않고 향후 기대되는 인플레이션과 소득세율을 무위험수익률에 감안하여 할인율을 계산한다.

DCF에서 세후영업이익을 토대로 계산하는 잉여현금흐름을 현금흐름으로 가정하는 이유는 가중평균자본비용에서 채권자의 기회비용인 이자비용을 고려해주기 때문이다. 따라서 이자비용을 반영한 순이익을 토대로 현금흐름을 계산하면 중복해서 반영하게 되어 왜곡된 결과에 이를 수 있다.

채권자의 기회비용을 반영해서 현금흐름을 할인한다는 것은 채권자의 기회비용을 복리로 고려한다는 의미이다. 채권자가 기업에 돈을 빌려주면서 포기해야 하는 이익이 향후 창출할 수 있는 이익까지 고려하는 것이다. 철저히 주주의 관점에서 기업을 바라보는 워런 버핏의 관점에서는 채권자의 기회비용을 복리로 반영해주는 것은 기회비용을 과도하게 반영하는 것이다. 따라서 이자손익이 반영된 순이익에서 출발한 주주이익을 현금흐름으로 가정하고 철저히

> **CAPM Capital Asset Pricing Model (자본자산가격결정모형)** | 자산의 적정 요구수익률을 구하는 이론적인 모델로 잭 트리너, 윌리엄 샤프, 존 린트너 등에 의해 소개되었다. 어떤 자산이 분산된 포트폴리오에 추가될 때, 체계적 리스크에 대한 민감도를 나타내는 베타와 시장수익률, 무위험수익률을 고려한다.

주주 입장의 기회비용만을 할인율에 반영하는 것이 내재가치를 계산하는 더 현실적인 접근이라고 할 수 있다.

DCF와 워런 버핏 방식 간의 가장 큰 차이는 주주의 자본비용(할인율)을 계산하는 방식이다. DCF에서는 주주의 자본비용을 계산할 때 자본자산가격결정모형CAPM(Capital Asset Pricing Model)을 이용하여 추정한다. 최근에는 실무적으로 CAPM의 한계를 인식하고 경험적인 방법으로 계산하는 경우도 많이 있다.

CAPM에 의하면 아무런 위험을 감수하지 않고도 투자자가 얻을 수 있는 무위험수익률에 주식시장의 위험을 반영한 프리미엄과 그 주식의 시장에서의 방향성을 반영한 베타를 고려해서 주주의 자본비용을 계산한다. 쉽게 말하자면 무위험수익률에 개별 주식의 리스크를 반영하여 자본비용을 계산하는 것이다.

그러나 워런 버핏은 개별주식의 주가와 주식시장 사이의 방향성을 나타내는 베타를 개별 주식의 리스크로 인정하지 않는다. 투자자본의 영구적인 손실 가능성만 리스크로 보고 있는데[5], 단순히 자본비용에 높은 리스크를 반영한다고 해서 사업의 고유한 리스크가 해소되는 것은 아니라고 말한다. 투자자가 아무리 리스크를 충분히 반영하여 높은 할인율을 적용한다고 해도 파산할 수밖에 없는 기업이 파산을 면할 수 있는 것은 아니기 때문이다. 사업 고유의 리스크는 사업에 대한 분석을 통해 파악해야 하는 것이며, 기업의 경제적인 우위를 지켜줄 수 있는 해자Moat가 없는 기업은 보통주 투자대상에서 제외해야 한다고 언급하고 있다. 워런 버핏은 무위험수익률로만 할인해주는데 미국 장기 국채 수익률과 인플레이션, 그리고 소득세율을 참고할 뿐이다.

지금까지 설명한 워런 버핏의 내재가치 계산법을 공식으로 표현하면 다음과 같다.

$$\text{내재가치} = \frac{OE}{1 + Rf + Ie} + \frac{OE(1 + Ic)}{(1 + Rf + Ie)^2} + \frac{OE(1 + Ic)^2}{(1 + Rf + Ie)^3} + \cdots$$

OE = 적정주주이익, Rf = 무위험수익률, Ie = 기대 인플레이션율, Ic = 예상 성장률

무위험수익률과 기대 인플레이션을 더해서 할인율을 가정했다. 세율의 경우 장기투자를 가정하면 실질적으로 큰 의미가 없기 때문에 편의상 고려하지 않았다. 어렵고 복잡해 보일 수 있지만, 위의 식은 아래와 같이 간단하게 정리된다. (무한등비급수의 공식으로 정리되나 굳이 이 과정을 이해할 필요는 없다.)

$$\text{내재가치} = \text{자본총액} \times \frac{ROE}{\text{무위험수익률} + (\text{인플레이션} - \text{성장률})}$$

$$= \frac{\text{주주이익}}{\text{무위험수익률} + (\text{인플레이션} - \text{성장률})}$$

ROE = 자본이익률

워런 버핏이 선호하는 기업들은 보통 연간 CAPEX(유형자산 투자비용)가 연간 감가상각비의 범위 내에서 지출되고 낮은 부채비율로도 평균 이상의 ROE를 보여주는 기업들이다. CAPEX가 감가상각비 내에서 해결되고 부채가 낮다면 주주이익은 순이익과 거의 동일하게 계산된다. 이런 경우 자본에 대한 주주이익의 비율인 자본주주이익률은 ROE로 표현할 수 있다. 주주이익과 순이익의 차이가 큰 경우는 순이익을 자본총액으로 나눠준 ROE보다 주주이익을 자본총액으로 나눠준 자본주주이익률을 사용해야 한다.

내재가치는 결국 기업의 자본효율과 관계가 있다는 것을 알 수 있다. 어떤

사업에 투입된 자본의 가치는 투자자의 기회비용 대비 그 자본이 창출해내는 실질적인 이익률의 관계로 규정되는 것이다. 1983년 주주편지에서 논리적으로 하나의 사업은 시장수익률을 상당히 초과하는 수준의 이익이 기대된다면 순자산보다 훨씬 더 가치가 있다고 언급한 워런 버핏의 견해와 일맥상통한다.

정리된 내재가치 계산식을 잘 보면 결국 내재가치는 이익의 배수로 표현된다는 것을 확인할 수 있다. 즉 배수는 할인율의 역수인데 상대가치평가방법인 PER과 일맥상통하는 부분이다. 이 부분에 대해서는 뒤에서 버핏의 실제 투자 사례를 통해 좀 더 깊이 있게 살펴보도록 하자.

> **계속기업 Going Concern 의 가정** | 어떤 기업을 바라볼 때 기업 본래의 목적을 달성하기 위해 계속적으로 존재한다고 가정하는 것
>
> **공정가치 Fair Value** | 청산 과정이 아닌 자발적인 당사자간의 경상거래에서 자산을 사고 팔 수 있는 금액. 보통 시장가격이 존재하면 시장가격을 공정가치로 판단한다.

위의 식에서는 사업의 존속기간이 무한대라고 전제하고 자본총액을 단순히 장부가액으로 가정하고 있다. 워런 버핏이 실제 사업을 검토할 때 사업의 존속기간을 무한대로 가정하는지는 확실하지 않다. 그러나 워런 버핏의 실제 내재가치 계산 사례들을 보면 계속기업의 가정에 따라 존속기간을 영구로 가정하고 있다는 것을 알 수 있다. 투입된 자본의 총액은 장부가치를 그대로 사용하지는 않으며 공정가치를 반영한 값을 사용한다.

여기서 워런 버핏의 성장률에 대해 짚고 넘어가지 않을 수 없다. 인플레이션보다 더 높은 수준으로 성장한다면 그만큼 자본효율을 나눠주는 값이 작아져 투입되는 자본의 가치는 더 높게 평가 받을 수 있다. 그러나 자본효율이 높은 강력한 해자를 갖춘 기업이라 하더라도 인플레이션은 필연적인 자본투자를 초래하기 때문에 인플레이션보다 더 높은 성장을 하기는 쉽지 않다. 기업에 따라 다르겠지만 장기적으로 예상성장률은 기대 인플레이션 이하로 가정하는 것이 현실적일 것이다.

다음은 2004년 주주총회에서 기업성장과 관련해서 워런 버핏이 언급한 부분이다. 워런 버핏의 성장에 대한 관점을 잘 설명해주고 있다.

> 뉴저지 출신의 주주: 성장 기업의 가치는 어떻게 평가하는가? 특별히 성장률이 할인율보다 큰 기업의 경우는?
>
> 워런 버핏: 만약 수학적으로 기업의 유지 가능한 성장률이 할인율을 초과한다면 기업가치는 무한대로 계산된다. 그러나 높은 성장률을 가정한다는 것은 상당히 위험한 일이다. 특별히 높은 성장률을 오랜 시간 동안 가정한 탓에 그 동안 많은 투자자들이 많은 돈을 잃어 왔다.

사실 투자 대상 기업의 사업구조가 장기적으로 인플레이션을 초과하는 '성장률'을 가정할 수 있느냐 여부는 워런 버핏의 투자를 공부하는 데 있어 상당히 중요한 주제이다. '성장률'이 '인플레이션'보다 크면 그만큼 할인율은 작아지고, 결국 이익의 배수는 높아진다. 이는 산업별 배수에 차이가 있을 수밖에 없는 원인 중에 하나인데, 이 부분 또한 뒤에서 좀 더 깊이 있게 살펴보도록 하겠다.

자회사는 어떻게 처리할까

사업구조가 단순한 기업의 경우 무리 없이 주주이익을 추정하여 내재가치를 계산할 수 있다. 그러나 자회사가 많은 기업이거나 다른 기업에 대한 투자가 주요 사업인 지주회사의 경우 본 사업에 대한 주주이익만으로는 왜곡된 결과에 이를 수 있어 주의를 필요로 한다.

이론적으로는 본 사업의 내재가치를 계산한 후 각 자회사나 투자자산의 내재가치를 일일이 계산하여 지분율만큼 더해주면 된다. 그러나 현실적으로 자회사나 투자자산의 규모가 본 사업 규모에 비해 미미하거나 큰 의미가 없는 수준이라면 따로 반영해주지 않더라도 문제가 없다.

> **지분법 Equity method** | 모기업이 중대한 영향력을 행사할 수 있는 자회사에 대해 지분율만큼 이익을 모기업의 재무제표에 반영해 주는 회계기준을 말한다. 대개 20% 이상의 지분을 보유하고 있는 경우 중대한 영향력을 행사할 수 있다고 가정한다.

오히려 그러한 자회사들의 내재가치를 하나하나 추정하는 데 불필요한 시간과 에너지를 소모하게 된다.

전체 내재가치 = 본 사업의 내재가치 + 자회사 A의 내재가치 + ⋯ + 자회사 Z의 내재가치

그러나 보유하고 있는 자회사나 투자자산의 규모가 의미 있는 수준이라면 앞서 언급한대로 각각 주주이익을 추정하고 할인율을 적용하여 내재가치를 계산한 뒤 지분율만큼 더해줘야 한다. 하지만 자회사가 상장되지 않은 외국 기업이거나 제조업체의 해외 생산법인인 경우에는 내재가치를 추정하기 위한 재무제표를 구하기가 상당히 어렵다. 이런 경우 모기업의 재무제표에 나와 있는 장부가액과 지분법손익만으로 내재가치를 구해야 하는데 만일 자회사의 부채가 많거나 CAPEX(유형자산 투자비용) 규모가 크다면 경제적인 실질이 크게 왜곡될 수 있다.

실질적인 부분이 왜곡될 수 있음에도 불구하고 모기업의 개별 재무제표로만 내재가치를 구해야 하는 것일까? 다행스럽게도 투자자들은 전자공시(dart.fss.or.kr)를 통해 자회사들의 모든 재무제표가 반영된 연결재무제표를 조

회할 수 있으므로 이를 활용하는 것이 현실적인 대안이 될 수 있다.

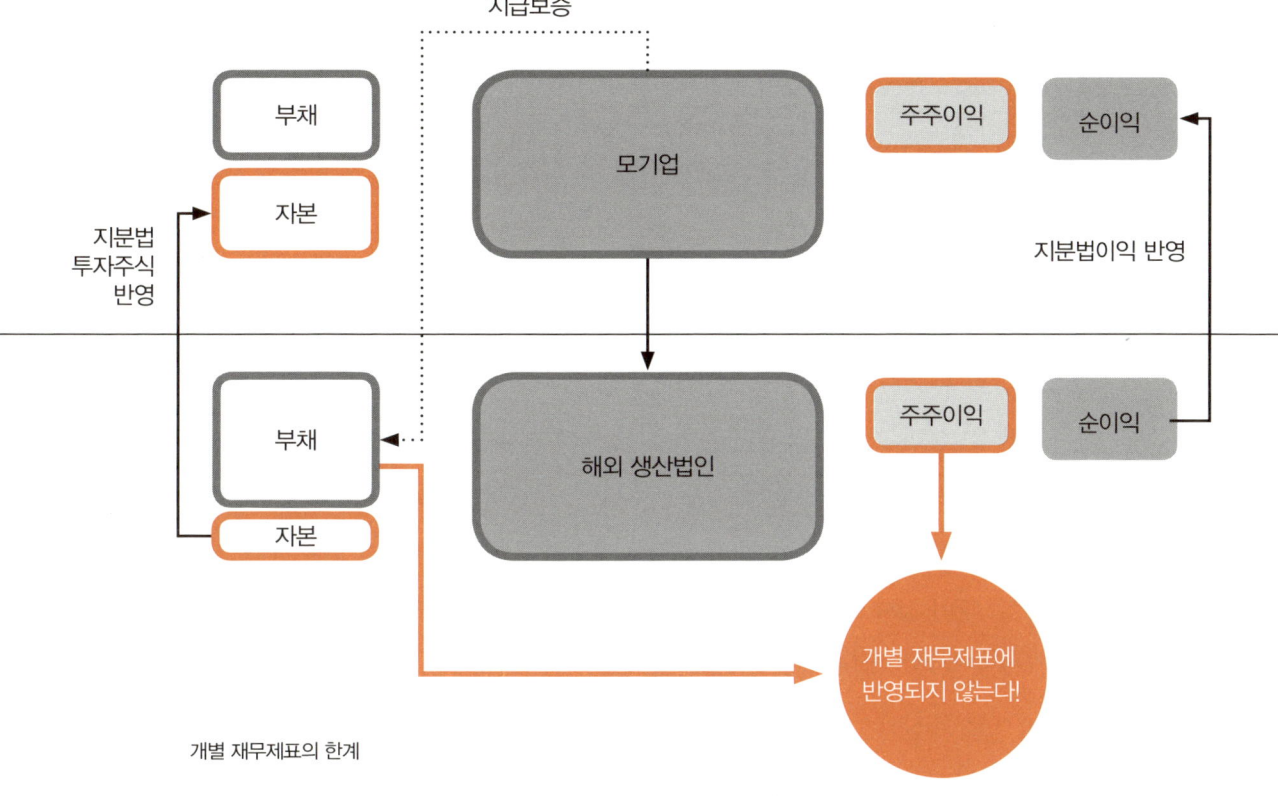

개별 재무제표의 한계

연결재무제표에는 자회사가 비상장 외국기업이거나 해외 생산법인이거나 관계없이 전체 재무 수치가 반영되어 있다. 또한 주석을 통해 연결에 포함된 자회사들의 실적을 확인할 수 있어 전체 내재가치를 계산하는 데 참고할 수 있다.

연결재무제표를 활용하여 내재가치를 구하는 것도 완벽한 방법은 아니다. 연결재무제표를 토대로 주주이익을 추정하게 되면 자회사들의 개별적인 사업환경이 충분히 고려되지 못할 수 있기 때문이다. 그러나 전체 기업 규모

연결재무제표 | 다른 회사에 지배력을 행사할 수 있는 정도의 주식을 보유하고 있는 경우 경제적인 단일실체로 가정해 하나의 재무제표로 작성한 것을 말한다. 기업집단 내 개별재무제표로는 파악이 불가능한 기업집단 전체 재무상태, 경영성과에 대해 알 수 있을 뿐만 아니라 회계적 투명성도 확보할 수 있다.

에 비해 해외 자회사들의 CAPEX의 규모가 크다면 각 자회사들의 상황이 다소 불완전하게 반영되는 한계가 있더라도 자회사들의 CAPEX를 고려해주는 것이 현실적으로 바람직하다. 사업을 지속하기 위해 큰 규모의 돈이 쓰이고 있는데 모기업 밖에서 투자되고 있다고 해서 제로(0)로 가정하는 것은 주주이익보다 EBITDA를 더 중요하게 생각하는 것과 크게 다를 바가 없기 때문이다.

투자자산 처리와 포괄이익

연결재무제표에는 투자자산 중 연결 대상 자회사들의 재무수치는 정확히 반영되지만 연결 대상이 아닌 투자자산의 경우는 제대로 반영되지 않는다. 투자자산들의 장부가치는 모기업의 재무상태표에 반영되지만 창출하는 이익은 실제 수취하는 배당금수익만 손익계산서에 반영된다. 투입되는 자산(투자자산의 장부가치) 대비 창출되는 이익(배당금수익)의 규모가 왜곡되는 것이다. 만일 투자자산의 규모가 미미하다면 관계가 없지만 규모가 상당하다면 반드시 내재가치를 제대로 계산해서 반영해줘야 한다. 지분법 대상이 아닌 투자자산의 가치를 반영해주는 방법은 두 가지가 있다. 하나는 투자자산의 내재가치를 각각 계산하여 모기업이 영위하는 본 사업의 내재가치에 더해주는 것이다. 이 경우 모기업의 본 사업가치를 계산할 때 순이익에서 배당금이익을 빼줘야 한다.

또 다른 방법은 투자자산의 실제 이익을 모기업의 순이익에 더해준 후 전체 내재가치를 한번에 계산하는 방법이다. 투자자산이 실제 창출하고 있지만 모기업에 반영되어 있지 않은 부분을 따로 산출하여 반영해준다. 이 방법은 워런 버핏이 버크셔의 기업가치를 계산할 때 사용하는 방법으로 재무제표에 반영되지 않은 부분을 더해서 계산한 이익을 워런 버핏은 포괄이익Look-Through Earnings이라고 불렀다.

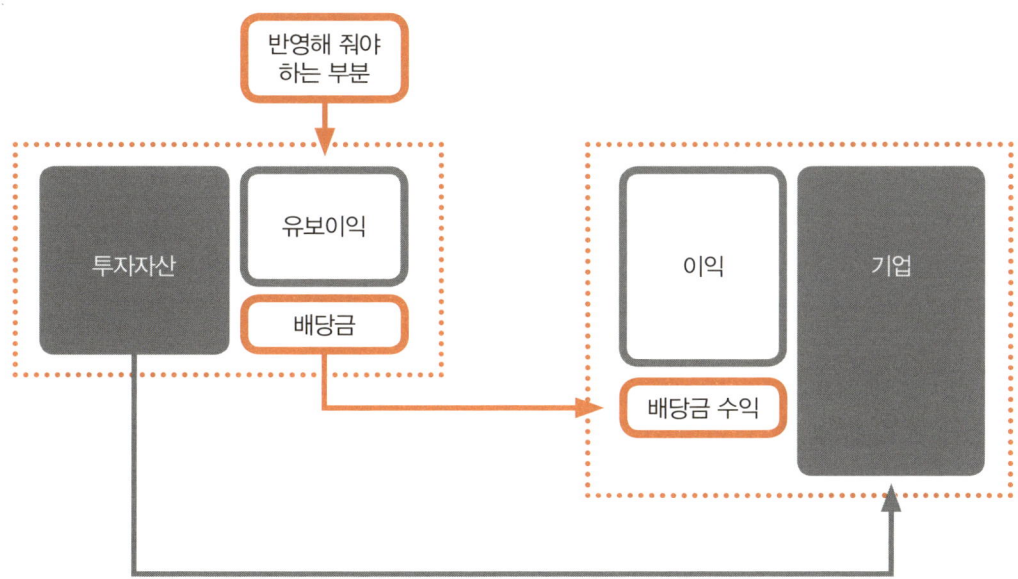

투자자산 평가 시 반영해 줘야 하는 부분

워런 버핏은 1991년 주주편지에서 버크셔의 포괄이익을 계산하는 방법을 직접적으로 제시했다. 먼저 (1) 버크셔가 직접 경영하는 기업들의 영업이익에 (2) 버크셔의 회계적인 수치에는 반영되지 않았지만 중요한 투자기업들의 유보된 이익을 더하고 (3) 만일 유보이익이 모두 버크셔로 배당된다면 부담해야 할 세금을 빼준다.

워런 버핏이 포괄이익의 개념을 도입하게 된 이유를 알아보려면 먼저 버크셔에 대해 간단히 살펴볼 필요가 있다. 워런 버핏은 초창기 지인들로부터 자금을 모아 워런 버핏 파트너십을 운용하면서 모은 돈으로 당시 방직회사였던 버

> 포괄이익 (Look-through Earnings) = 모기업이 직접 경하는 기업들의 영업이익(1)
> + 장부 미반영 주요 투자기업 유보이익(2)
> - 유보이익이 모두 배당된다면 부담해야 할 세금(3)

크서를 인수하게 된다. 버크셔를 통해 여러 작은 기업들을 인수해 나가지만 정작 본업인 방직사업은 쇠락의 길을 걷게 되었다. 결국 인수한 기업들이 전체 기업가치에서 더 큰 비중을 차지하게 되었다.

지분율 50% 이상 보유한 기업들은 연결회계 적용을 받아 버크셔의 재무제표에 이익이 직접적으로 반영되기 때문에 문제가 없었다. 20~50% 사이의 기업 또한 지분법 회계라도 적용할 수 있지만 20% 미만의 지분을 보유하고 있는 기업들은 배당수익만 버크셔의 손익계산서에 반영될 수 있었다.

문제는 20% 미만의 지분을 보유하고 있는 기업들에 대한 투자 규모가 나머지 기업들에 대한 투자 규모보다 상대적으로 커서 지분율 20% 미만의 기업들을 제외하고 버크셔를 설명하는 것이 의미가 없어진 데 있다. 버크셔의 기업가치를 좌우하는 것은 지분율 20% 이상의 작은 기업들의 이익이 아니라 비록 지분율은 20% 미만이지만 상대적으로 규모가 큰 기업들의 이익이 되어 버린 것이다. 그러나 재무제표는 이를 반영하지 못하는 상황이었기 때문에 버크셔의 기업가치의 실질적인 부분을 반영하기 위해 포괄이익의 개념을 도입하게 되었다.

워런 버핏은 1990년 주주편지에서 따로 지면을 할애해 설명할 정도로 포괄이익을 중요하게 생각한다. 특히 회계적인 이익의 조작 가능성에 대해 강조하는데 투자자들은 자신에게 귀속되는 실제 경제적인 이익을 계산할 때 회계 수치들을 시작점으로 활용해야지 종착점으로 활용해서는 안 된다고 경고한다.

같은 해 주주편지의 포괄이익 관련 설명을 좀 더 살펴보자. 당시 버크셔는 미국의 방송 관련 기업인 캐피털 시티즈/ABC Inc.Capital Cities/ABC Inc.의 지분 17%를 보유하고 있었다. 지분율에 비례하는 이익규모는 당시 버크셔의 장부에 기록된 순이익 3억 9400만 달러의 21%에 달하는 8300만 달러에 달했다. 그러나 버크셔의 재무제표에 반영된 이익은 배당수익 53만 달러에 불과했다. 나머지 8200만 달러 이상의 이익은 캐피털 시티즈/ABCInc.에 유보되어 기업가치를 성장시키는 데 사용되겠지만 버크셔의 장부에는 기록되지 않았다.

(단위 : 100만 달러)	1990년도
버크셔 해서웨이	
세후 영업이익	370
세후 투자자산 매각이익	23
순이익(1)	**394**
캐피털 시티즈/ABC Inc.	
버크셔 지분율(17%) 비례 순이익(2)	83
(2)÷(1)	21.07%

워런 버핏은 장부에 기록되지는 않지만 일하고 있는 이익에 대해 회계규정에 의해 어떻게 반영시키느냐는 중요하게 생각하지 않는다고 단호히 말한다. 실질적으로 그러한 이익의 소유권이 어디에 있고, 어떻게 쓰이느냐가 중요한 것이라고 언급한다. 숲에서 나무가 쓰러지는 소리가 중요한 것이 아니라 '누가 나무를 소유하고 있고 그 나무를 향후 어떻게 활용하느냐'가 중요하다는 비유를 들어 설명하고 있다. 워런 버핏은 포괄이익이 버크셔의 경제적인 실질을 설명해주기 때문에 포괄이익이 매년 15% 성장하는지 여부를 중요하게 생각한다.

포괄이익의 개념을 통해 내릴 수 있는 결론은 회계장부에 반영되어 있지는 않지만 실질적으로 중요한 이익은 반드시 지분율만큼 반영해줘야 경제적인 현실을 제대로 파악할 수 있다는 것이다. 그래서 그는 이렇게 결론 내린다.

> 우리는 결과적으로 포괄이익을 우리의 현실적인 연간 경영실적으로 간주한다.
> – 주주 매뉴얼

4 실제 확인!
적정주가와 내재가치 계산 절차

● Case 1. 기업의 순자산과 공정가치, 프리미엄에 주목하기

시즈 캔디See's Candy는 1921년 71세의 할머니 매리 시Mary See가 설립한 회사로 각종 캔디류와 초콜릿을 판매하는 기업이다. 항상 최상의 품질을 유지하기 위해 노력하는 것으로 유명하다. 경쟁이 치열한 산업임에도 불구하고 브랜드 파워와 최고의 품질, 고객 서비스에서 나오는 두터운 경제적 해자로 지금까지 지속적인 성장과 함께 높은 자기자본이익률을 거두는 사업으로 변모해왔다.

워런 버핏은 1983년에 시즈 캔디를 소유하고 있는 자회사 블루칩 스탬스Blue Chip Stamps의 나머지 지분을 인수하면서 그 해 주주편지에 시즈 캔디의 내재가치 계산 과정을 상세히 설명한다. 버크셔의 자회사 블루칩 스탬스는 1972년에 시즈 캔디를 2500만 달러에 인수했는데 시즈 캔디의 당시 순자산 net tangible assets 규모는 800만 달러였다. 당시 시즈 캔디는 세후 기준으로 200만 달러의 이익을 벌어들이고 있었다. 워런 버핏은 보수적으로 1972년 이후에도 동일한 수준의 이익을 거둘 수 있을 것으로 판단했다고 한다.

앞서 언급했듯이 워런 버핏은 기업의 순자산에 대해서 회계적인 수치를 그대로 사용하지 않는다. 공정가치로 조정한 수치를 사용하는데 시즈 캔디에서는 특별히 재고자산이나 매출채권, 고정자산 등에서 조정해야 하는 부분을 발견하지 못했다. 800만 달러의 순자산을 시즈 캔디 사업에 투입된 자본의 공정가치로 본 것이다. 시즈 캔디는 CAPEX(유형자산 투자비용)가 감가상각의 범위 내에서 투입되고 있었기 때문에 200만 달러의 세후순이익이 곧 주주이익(주주이익=순이익+감가상각비-CAPEX)이 된다. 시즈 캔디의 투입자본에 대한 주주이익률은 200만 달러를 800만 달러로 나눠준 25%가 된다. 회계적인 수치에 대해 특별한 조정이 필요 없기 때문에 순자산의 장부가치와 회계적인 이익만으로 계산한 ROE(순이익/순자산)와 값이 동일하다.

1972년 워런 버핏은 25%의 자본효율을 보여주는 시즈 캔디를 2,500만 달러에 버크셔의 자회사 블루칩 스탬스(향후 버크셔와 합병)를 통해 100% 인수한다. 순자산 대비(PBR) 3.125배의 가격이며 순이익 대비(PER)로는 12.5배의 가격이었다. 워런 버핏은 시즈 캔디에 대한 투자를 통해 할인된 가격의 평범한 사업보다 적정한 가격에 좋은 사업에 투자하는 방향으로 자신의 투자노선을 전환하게 된다. 워런 버핏 입장에서 시즈 캔디 인수에 지불한 2500만 달러는 할인된 가격이라기보다 적정한 가격이었다.

그렇다면 시즈 캔디에 순자산 대비 3.125배의 가치를 평가한 근거는 무엇일까? 1983년 주주편지의 내용을 좀 더 살펴보면 1983년에 버크셔가 블루칩 스탬스의 나머지 40%의 지분을 인수하면서 지급한 프리미엄에 대한 언급이 나온다. 여기서 시즈 캔디의 가치평가에 대한 명확한 근거를 찾아 볼 수 있다. 그리고 시즈 캔디를 임의의 평범한mundane 사업과 비교하는 부분을 통해 워런 버핏의 가치 평가방법을 엿볼 수 있다.

버크셔는 블루칩 스탬스의 40% 지분을 추가로 인수하면서 블루칩 스탬스의 순자산보다 5,170만 달러를 더 지불했다. 이 중 2,840만 달러는 시즈 캔디에 대한 부분이고 나머지 2,330만 달러는 블루칩 스탬스가 소유하고 있던 지역신문사인 버팔로 이브닝 뉴스 The Buffalo Evening News(나중에 버팔로 뉴스로 사명 변경)에 대한 부분이라고 언급한다.

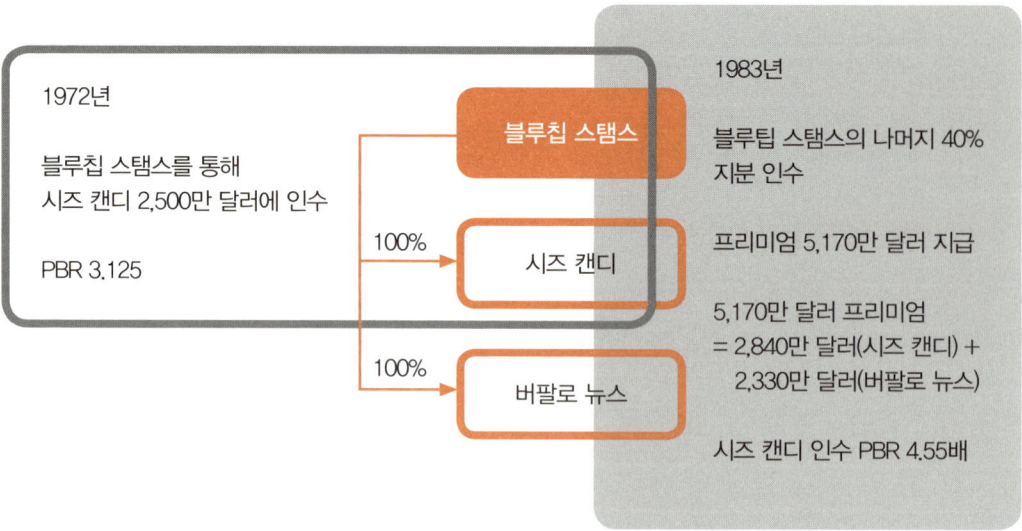

　1972년에 800만 달러의 순자산으로 200만 달러의 이익을 벌어들이는 시즈 캔디와 동일하게 200만 달러의 이익을 벌어들이는데 1,800만 달러의 자본이 투입되어야 하는 임의로 가정한 평범한 사업을 비교하면서 각각에 적절한 밸류에이션을 언급하고 있다. 투입자본 대비 25%의 이익을 만들어내는 시즈 캔디는 자본의 3.125배에 달하는 가격이 적절하지만 11%의 이익을 만들어내는 평범한 사업은 자본의 가치, 순자산의 1배에 팔리는 것이 당연하다고 말한다.

　시즈 캔디의 잔여지분에 대한 프리미엄을 살펴보자. 1983년에 시즈 캔디는 2,000만 달러의 순자산으로 1,300만 달러의 세후순이익을 창출하는 사업으로 변모해 있었다. 65%의 자본효율을 보여주는 사업으로 성장한 것이다. 1983년 시즈 캔디에 워런 버핏이 지불한 프리미엄 2,840만 달러를 감안하면 시즈 캔디의 적정 내재가치를 순자산의 4.55배라고 생각했던 셈이 된다. 반면에 1983년에 11%의 자본효율을 보여주는 평범한 사업은 순자산 대비 1배의 가격을 받을 수밖에 없다고 언급한다.

위에서 언급한 내용들을 정리하면 다음과 같다.

(단위 : 100만 달러)	1972년 시즈 캔디	1983년 시즈 캔디	1983년 평범한 사업
주주이익	2	13	2
순자산	8	20	18
자본효율	25.00%	65.00%	11.11%
지불가격	25	91	18
미국 장기 국채 수익률(1)	6.36%	11.88%	11.88%
인플레이션율(2)	4.43%	3.44%	3.44%
추정 자본요구수익률(1)+(2)	10.79%	15.32%	15.32%
지불가격 / 순자산	3.125	4.55	1
자본효율 / 미국 장기 국채 수익률	3.93	5.47	0.94
자본효율 / 추정 자본요구수익률	2.32	4.24	0.73
평균 추정적정가치	3.12	4.86	0.83

1983년 시즈 캔디 지불가격 = 28.4 ÷ 0.4 + 20 = 91
1972년 미국 장기 국채 수익률은 10년 만기 미국 국채 수익률.
1983년도는 30년 만기 미국 국채 수익률(30년 만기 미국 국채는 1977년부터 거래)
국채 수익률은 매년 12월 기준
인플레이션율은 버핏이 주주편지에서 사용한 GNP 디플레이터 사용
자료 출처 : 블룸버그, 이코노매직닷컴

    1983년 시즈 캔디에 지불한 가격은 시즈 캔디에 대한 프리미엄 2,840만 달러를 통해 추정한 전체 프리미엄 7,100만 달러에 1983년 시즈 캔디의 순자산 2,000만 달러를 더해 추정했다. 미국 장기 국채 수익률은 30년 만기 미국 국채 수익률을 사용했다. 위의 도표에서 제시된 평균 추정적정가치는 '미국 장기 국채 수익률'과 '미국 장기 국채 수익률+인플레이션'의 평균값을 할인율로 적용한 값이다.

    미국 장기 국채 수익률과 인플레이션을 감안한 할인율을 적용한 결과 워런 버핏이 지불한 가격과 비슷한 적정가치를 구할 수 있었다. 워런 버핏은 시즈

캔디의 지분을 매번 내재가치가 충분히 반영된 가격에 인수한 것이다.

1972년과 1983년의 공통점은 모두 추정한 자본요구수익률(할인율)이 10% 이상이라는 것이다. 1983년에는 미국 장기 국채 수익률이 무려 12%에 달해 할인율은 더욱 높아질 수밖에 없었을 것이다. 따라서 1983년에 가정한 11.11%의 ROE의 평범한 사업은 순자산 대비 1배의 가격을 받는 것도 과분했다고 볼 수 있다. 반면에 1972년 25%의 자기자본이익률의 시즈 캔디는 11년 만에 자기자본이익률 65%의 사업이 되어 있었다. 할인율이 높아졌지만 자본효율이 더 높아져 순자산 대비 3.125배에서 4.55배로 가치가 증가했다. 시즈 캔디의 순자산에 프리미엄을 얹어서 인수하지 않을 수 없었을 것이다.

앞 장에서 언급한 내재가치 계산공식에 의하면 자본효율을 할인율로 나눌 때, 성장률을 고려한다고 언급한 바 있다. 시즈캔디의 경우 강력한 브랜드에 의해 물가상승률 이상으로 제품 가격을 지속적으로 인상할 수 있는 사업모델이라고 볼 수 있다. 다만 보수적으로 물가상승률 수준의 이익성장률을 가정한다면, 할인율은 미국 장기 국채 수익률로 계산된다. 이 경우 1972년 시즈캔디의 적정 가치는 자본총액의 3.93배, 1983년은 5.47배 수준으로 추정할 수 있으며, 버핏은 내재가치보다 20% 정도 할인된 가격에 매수한 셈이 된다.

● Case 2. 재고자산, 고정자산, 영업권 조정하기

스콧 펫처Scott Fetzer는 여러 사업을 하고 있는 기업들을 소유한 일종의 지주회사라고 볼 수 있다. 공기압축기, 용접기, 주방용 칼 등 다양한 사업들을 소유하고 있다. 이러한 하나의 거대 기업그룹인 스콧 펫처는 1984년부터 기업 경매시장에 매물로 나와 있었다. 그러나 매수자가 없어 표류하던 중 워런 버핏의 눈에 들게 되었다. 스콧 펫처의 훌륭한 경영자인 랄프 셰이Ralph Schey는 2000년 말 은퇴할 때까지 15년간 스콧 펫처를 이끌어오면서 1998년 무려 86%의 ROE를 거두는 알짜 사업으로 발전시켰다.

1986년 주주편지 마지막에 첨부된 부분에서 워런 버핏은 짧은 퀴즈를 하나 낸다. 원래 목적은 주주이익의 중요성을 강조하려는 의도이지만 워런 버핏이 스콧 펫처에 지불한 가격의 근거를 찾아볼 수 있어 상당히 유용하다.

짧은 퀴즈 아래는 어떤 두 기업의 1986년 약식 재무제표이다. 어떤 사업이 더 가치 있을까?

(단위 : 1,000 달러)		O기업	N기업
매출액		677,240	677,240
	매출원가(감가상각 제외)	341,170	341,170
	특별 재고자산 비용(비현금성)		4,979 ①
	감가상각비	8,301	13,355 ②
	계	349,471	359,504
매출총이익		327,769	317,736
	판관비	260,286	260,286
	영업권상각		595 ③
	계	260,286	260,881
영업이익		67,483	56,855
영업외손익		4,135	4,135
세전순이익		71,618	60,990
	법인세비용	31,387	31,387
	비현금성 조정비용		998 ④
당기순이익		40,231	28,605

O기업과 N기업은 매출액이 동일하지만 이익에서 차이가 많이 난다. 흥미롭게도 두 기업은 버크셔가 1986년에 인수한 스콧 펫처로 같은 기업이다. 다른 점이 있다면 O기업은 버크셔가 스콧 펫처를 인수하기 전의 약식손익계산서이고 N기업은 인수 후 공시된 회계적인 수치들이다.

워런 버핏은 O기업과 N기업의 회계적인 수치의 차이는 버크셔가 스콧 펫처를 인수할 때 장부가치보다 높은 가격을 지불했기 때문에 발생했다고 언급한다. 당시 스콧 펫처의 장부가치는 약 1억 7,200만 달러였는데 반해 지불한 가격은 3억 1,500만 달러에 달했으므로 1억 4,260만 달러를 프리미엄으로 지불한 것이다.

앞서 시즈 캔디의 사례에서 워런 버핏이 내재가치를 계산할 때 장부가치를 그대로 사용하지 않고 공정가치를 사용한다고 했다. 스콧 펫처의 인수 과정에는 워런 버핏이 공정가치로 조정하는 과정이 비교적 상세하게 설명되어 있다.

지급된 프리미엄을 워런 버핏이 회계적으로 반영하는 첫 번째 단계는 유동자산을 공정가치로 조정해주는 것이다. 매출채권은 현실적으로 늘 공정가치로 평가되어 장부에 기록되기 때문에 특별히 조정할 필요는 없다. 그러나 재고자산은 다른데, 어떻게 평가하느냐에 따라 장부가치의 변동이 클 수 있다. 워런 버핏은 스콧 펫처의 재고자산 계정이 공정가치 대비 3,730만 달러 할인되어 있었다고 언급한다. 첫 번째 단계를 통해 총 1억 4,260만 달러의 프리미엄 중 3,730만 달러가 조정되었다.

유동자산을 조정한 후에도 프리미엄이 남아 있다면 다음 단계는 고정자산을 조정해줘야 한다고 설명한다. 워런 버핏은 스콧 펫처의 경우 고정자산에 6,800만 달러가 추가되어야 했고 1,300만 달러가 이연 법인세부채에서 차감되어야 했다고 언급한다. 두 번째 단계를 통해 총 8,100만 달러의 프리미엄이 조정되었다.

워런 버핏은 두 단계가 더 필요하다고 말한다. 영업권을 제외한 무형자산을 공정가치로 조정해줘야 하고 장기부채와 퇴직충당금 관련 부채 또한 조정해줘야 한다고 말한다. 그러나 스콧 펫처의 경우에는 이 부분에 대해 특별히 조정이 필요한 부분은 없었다.

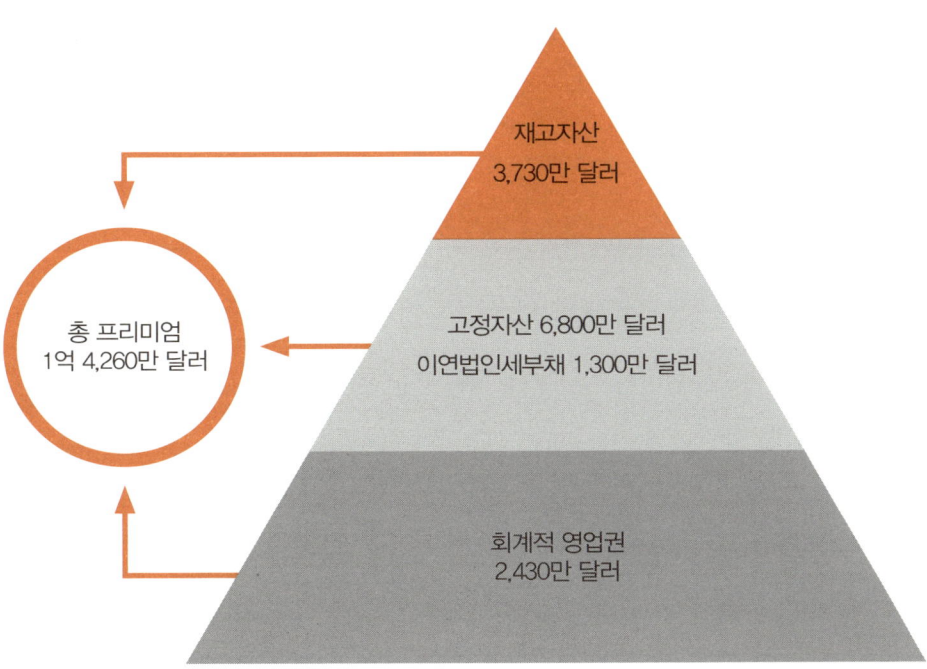

워런 버핏은 위와 같이 모든 자산과 부채를 공정가치로 조정하고 난 후에도 남은 프리미엄은 회계적인 영업권Goodwill(지불가격에서 순자산을 초과한 부분)으로 기록해야 한다고 언급한다. 스콧 펫처는 이런 회계적 영업권이 2,430만 달러에 달했다. 따라서 아래와 같이 인수 전의 재무상태표인 O기업의 재무상태표는 프리미엄 조정을 반영하여 N기업의 재무상태표로 바뀌게 된다.

(단위 : 1,000달러)	O기업	N기업
자산		
현금 및 현금성자산	3,593	3,593
매출채권	90,919	90,919
재고자산	77,489	114,764
기타 유동자산	5,954	5,954
총 유동자산	177,955	215,230
유형자산	80,967	148,960
투자자산	93,589	93,589
무형자산(영업권 포함)	9,836	34,210
계	362,347	491,989
부채		
단기차입금	4,650	4,650
매입채무	39,003	39,003
기타 유동부채	84,839	84,839
총 유동부채	128,592	128,592
장기차입금	34,669	34,669
이연법인세부채	17,052	4,075
기타이연부채	9,687	9,657
총 부채	189,970	176,993
자본총계	172,377	314,996
부채 및 자본총계	362,347	491,989

자세히 살펴보면 결과적으로 N기업의 높은 재무상태표 수치들이 손익계산서의 낮은 이익을 만들어낸 셈이 된 것이다. 자산의 규모가 커질수록 상각으로 반영될 비용 규모도 커지게 마련이기 때문에 N기업의 낮은 이익은 당연한 결과다. 다음은 앞서 짧은 퀴즈에서 제시된 N기업의 손익계산서에서 조정된 항목들에 대한 설명이다.

(1) 1986년 동안 스콧 펫처가 재고자산을 과소평가한 데 따른 비현금 재고자산 비용은 497만 9,000달러이다. 이런 비용은 향후에는 미미하거나 거의 발생하기 어렵다.
(2) 고정자산의 평가절상에 따른 추가적인 감가상각비는 505만 4,000달러이다. 12년 동안 상각될 예정이다.
(3) 영업권에 대한 상각비는 59만 5,000달러이다. 향후 39년 동안 상각되어야 한다. (참고로 현재 미국 회계 기준에 의하면 영업권을 상각하지 않지만 당시에는 영업권을 40년 동안 균등 상각해야 했다.)
(4) 이연법인세부채 조정에 따른 금액은 99만 8,000달러이다. 12년 동안 상각된다.

워런 버핏은 전체적으로 1,160만 달러에 달하는 새로 발생된 회계적 비용들은 모두 법인세 감면 목적은 아니라는 것을 이해할 필요가 있다고 말한다. 새로운 스콧 펫처는 비록 회계적인 이익은 다르지만 실제 현금이 유출되는 비용들이 아니기 때문에 이전의 스콧 펫처와 동일한 규모의 법인세를 납부한다. 물론 향후 상각이 계속 진행됨에 따라 결국 새로운 스콧 펫처와 이전의 스콧 펫처의 영업이익은 동일하게 될 것이다.

워런 버핏의 원래 의도했던 O기업과 N기업의 주주이익을 구해보자. CAPEX(유형자산 투자비용)를 제외하고 순이익에 비현금성 비용을 더한 값을 구하면 O기업과 N기업은 동일한 값이 계산된다는 것을 알 수 있다.

(단위 : 1,000달러)		O기업	N기업
순이익(a)		40,231	28,605
비현금성 비용(b)		8,301	19,927
	감가상각비	8,301	13,355
	특별 재고자산 비용	0	4,979
	영업권 상각비용	0	595
	비현금성 조정비용	0	998
(a)+(b)		48,532	48,532
CAPEX		14,114	14,114
(버핏과 멍거는 O기업의 (b)보다는 많고 N기업의 (b)보다는 작다고 추정 → 두 값의 평균값 적용)			
주주이익		34,418	34,418

워런 버핏과 찰리 멍거는 1986년 당시 스콧 펫처의 CAPEX의 적정 값을 O기업의 비현금성 비용(b)보다는 크고 N기업의 비현금성 비용(b)보다는 작은 값으로 추정하고 있다고 언급한다. 따라서 두 값의 평균값을 CAPEX의 적정 값으로 가정하여 계산한 주주이익은 대략 3,400만 달러이다. O기업과 N기업의 회계적 이익이 크게 차이가 나더라도 주주이익은 동일하게 계산된다는 것을 보여준다. 이는 주주이익이 기업의 경제적 실체를 파악하는 데 회계적 이익보다 더 신뢰할 수 있는 수치라는 것을 말해준다.

워런 버핏이 스콧 펫처를 인수할 당시 평가한 스콧 펫처의 기업가치를 살펴보자.

(단위 : 100만 달러)	CAPEX 평균값 가정	CAPEX 8.3 가정	CAPEX 19.9 가정
주주이익	34.4	40.2	28.6
장부가치 순자산	172.4		
공정가치 순자산(1)	290.7		
재고자산 조정	37.3		
고정자산 조정	68		
이연법인세부채 조정	13		
영업권(2)	24.3		
자본효율(공정가치 순자산 대비)	11.83%	13.83%	9.84%
지불가격((1)+(2))	315		
미국 장기 국채 수익률(3)	7.37%		
인플레이션율(4)	2.27%		
추정 자본요구수익률(3)+(4)	9.64%		
지불가격/공정가치 순자산	1.08		
자본효율/미국 장기 국채 수익률	1.61	1.88	1.33
자본효율/추정 자본요구수익률	1.23	1.43	1.02
평균 추정적정가치	1.42	1.66	1.18

1986년 장기 미국 국채 수익률은 30년 만기 미국 국채 수익률
국채 수익률은 매년 12월 기준
인플레이션율은 버핏이 주주편지에서 사용한 GNP 디플레이터 사용
자료 출처 : 블룸버그, 이코노매직닷컴

위의 도표를 보면 평균 CAPEX를 가정할 경우 공정가치로 조정한 순자산 대비 약 11.83%의 자본이익을 창출해주는 사업이라는 것을 알 수 있다. 워런 버핏은 공정가치를 반영한 순자산 대비 1.08배의 가격을 지불하면서 인수했다. 그러나 1986년 주주편지에서 적정 CAPEX 규모를 정확히 언급하지 않고 최소 830만 달러에서 최대 1,990만 달러의 범위로만 언급하고 있어 워런 버핏이 생각하고 있었던 주주이익을 정확히 구하기는 어렵다.

최소 830만 달러의 CAPEX가 필요할 경우 주주이익은 4,020만 달러가 된다. 최대 1,990만 달러의 CAPEX가 소요될 경우 주주이익은 2,860만 달러로 계산된다. 스콧 펫처는 최소 9.84%에서 최대 13.83%의 ROE를 거두는 사업이라고 할 수 있다. 스콧 펫처의 내재가치는 당시 미국 장기 국채 수익률과 인플레이션을 감안한 자본요구수익률로 나눠주면 공정가치로 조정된 순자산 대비 1.02~1.43배가 계산된다. 워런 버핏이 지불한 가격은 1.08배인데 내재가치 1.02~1.43배 범위 내의 가격으로 워런 버핏의 관점에서 적정한 수준의 가격을 지불하고 인수했다는 것을 알 수 있다.

워런 버핏은 스콧 펫처 인수 관련 내용을 언급하면서 장부가치로 기록되어 있는 순자산을 공정가치로 조정하는 과정을 상세하게 설명한다. 사업의 정확한 자본효율을 파악하려면 순자산을 반드시 공정가치로 조정해준 다음에 판단해야 한다. 정확히 투입된 자본의 가치에서 창출된 이익의 규모가 사업의 진정한 효율이며 가치이기 때문이다. 장부가치와 공정가치의 차이가 큰 자산의 경우 향후 CAPEX 투자로 인해 대체되면서 공정가치로 자연스럽게 조정된다. 따라서 장부가치로 계산한 자본효율은 사업의 본질을 왜곡할 가능성이 크다.

그러나 내부적인 회계장부를 하나하나 뜯어보는 기업실사Due Diligence가 사실상 불가능한 투자자들이 워런 버핏처럼 스콧 펫처의 장부가치 순자산을 조정하는 수준으로 재무제표의 각 항목을 하나씩 뜯어보면서 조정해주는 것은 현실적으로 어렵다. 따라서 장부가치와 공정가치의 차이가 확실한 자산(주로 유형자산)에 한해 조정하면서 자본효율을 따져보는 것이 좀 더 현실적인 대안이라 생각된다.

● Case 3. 우수한 기업의 바겐세일과 적정주가

웰스 파고Wells Fargo는 미국 4대 은행으로 워런 버핏은 1990년부터 이 회사 주식을 조금씩 사 모으기 시작했다. 최근까지도 지속적으로 매수하여 2015년 말 기준으로 9.8%의 지분을 확보하고 있다.

워런 버핏은 1990년 주주편지에서 웰스 파고를 매수하게 된 이유에 대해 자세히 설명한다. 워런 버핏의 은행업에 대한 관점과 더불어 워런 버핏이 웰스 파고 주식을 매수하는 데 지불한 가격 수준도 알 수 있어 상당히 유용하다.

그런데 알고 보면 은행업 자체는 워런 버핏이 좋아하는 사업이 아니다. 보통 20배를 넘나드는 은행의 부채비율은 아주 작은 경영상의 실수라 하더라도 자본에 미치는 영향이 크기 때문에 불확실성이 큰 사업이라고 볼 수 있다. 문제는 바로 이런 경영상의 실수가 은행들에게 하나의 필연과도 같은 데 있다. 워런 버핏은 1990년 주주편지에서 완전히 어리석은 행동이라 할지라도 경쟁자들의 행동을 무의식적으로 따라 하는 경향을 '구조적 필연'이라는 말로 표현하고 있다. 당시뿐만 아니라 글로벌 금융위기를 겪은 바 있는 오늘날에도 무분별한 대출업무의 구조적 필연에 대한 대가를 치르고 있는 것을 보면 은행업의 속성을 제대로 보았다고 할 수 있다.

워런 버핏은 은행업을 바라볼 때 경영진의 능력을 가장 중요하게 본다. 구조적 필연의 소용돌이 속으로 휘말려 들어갈 수밖에 없는 태생적 한계 속에서 휩쓸리지 않고 묵묵히 리스크 관리에 집중하는 경영진을 눈여겨보는 것이다. 당시 5억 달러 규모의 동일한 재무 상태의 지방은행의 지분 100%를 취득하는 것보다 웰스 파고의 주식 10%를 2억 9,000만 달러에 매수하는 것이 더 매력적인 이유로 웰스 파고의 훌륭한 경영진을 들고 있을 정도다.

당시 웰스 파고는 캘리포니아 주 일대를 강타한 부동산 거품 붕괴로 인해 어

4장 실제 확인! 적정주가와 내재가치 계산 절차

려움에 놓여 있었으며 주식시장은 웰스 파고의 주가를 끌어내리고 있었다.

워런 버핏이 주목한 부분은 정상적인 산업환경에서 웰스 파고는 자본의 20%, 총자산의 1.25%의 이익을 거두는 건실한 은행이라는 점이었다. 다만 당시 480억 달러에 달하던 대출채권의 부실화 가능성 때문에 주식시장에서는 웰스 파고 주식에 대해 과민반응을 보이고 있었다. 워런 버핏은 만일 480억 달러 대출채권의 10%가 부실화되고 부실화된 10%의 채권 중에 평균적으로 나중에 약 30%의 자산이 최종적으로 원금손실 처리된다고 가정하면 당시 웰스 파고의 이익 수준(연간 세전 10억 달러)과 이미 부실화될 자산에 대비해서 쌓아둔 대손충당금(3억 달러)을 고려할 때 최악의 경우라도 자본잠식은 면할 수 있다고 판단했다.

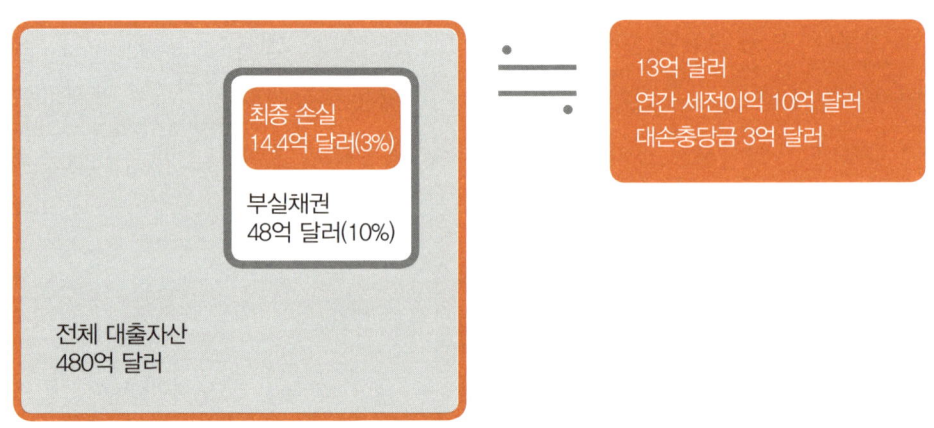

워런 버핏의 웰스 파고에 대한 스트레스 테스트

영업능력이 건재하고 칼 라이하르트Carl Reichardt와 폴 하젠Paul M. Hazen이라는 걸출한 경영진이 자리를 유지하고 있는 이상 워런 버핏에게 20%의 자본효율을 보여줄 수 있는 사업이 한 해 동안 이익을 내지 못하는 것은 아무런 문제가 되지 않았다. 때문에 당시 웰스 파고의 주식이 폭락했을 때 10%의 지분을 취득할 수 있었다. 워런 버핏이 매수한 가격은 세후 이익의 5배 미만(PER 5배 미만)이었다. 워런 버핏이 매수하기 시작한 이후 웰스 파고의 주가가 절반 정도 추가로 더 폭락했지만 워런 버핏은 오히려 더 싸게 매수할 수 있는 기회라면서 "환영하는 마음으로 추가매수에 들어갔다"고 1990년 주주편지에서 밝히고 있다.

여기서 워런 버핏이 웰스 파고에 지불한 밸류에이션을 살펴볼 수 있다. PER은 5배 미만이었고 ROE가 20% 정도기 때문에 자연스럽게 PBR은 1배 미만이었다는 결론을 얻을 수 있다. (PBR = ROE × PER)

(단위 : 억 달러)	1990년 웰스 파고
자본효율	20%
미국 장기 국채 수익률(1)	8.24%
인플레이션율(2)	4.15%
추정 자본요구수익률(1)+(2)	12.39%
지불가격/순자산	1.0
자본효율/미국 장기 국채 수익률	2.43
자본효율/추정 자본요구수익률	1.61
평균 추정적정가치	2.02

1990년 미국 장기 국채 수익률은 30년 만기 미국 국채 수익률
국채수익률은 매년 12월 기준
인플레이션율은 버핏이 주주편지에서 사용한 GNP 디플레이터 사용
자료 출처 : 블룸버그, 이코노매직닷컴

평소 20%의 자본효율을 보여줄 수 있는 역량이 있는 사업이 장부가 수준에 주식시장에서 팔리고 있었던 셈이다. 1990년 12월 기준 30년 만기 미국 국채 수익률은 8.24%였으며 인플레이션은 4.15%였다. 버핏이 웰스파고 주주이익의 장기 성장률을 얼마로 가정했는지는 알기가 어렵다. 그러나 보수적으로 성

장률을 제로로 가정하더라도 할인율은 미국 장기 국채 수익률과 인플레이션을 더해준 12.39%로 계산되기 때문에 자본총액의 1.6배 이상은 되어야 했다. 그러나 당시 주가는 PBR 1배 미만으로 상당히 저평가되어 있었다. 물론 한 해 동안 이익을 거의 내지 못할 것으로 예상되는 마당에 주식시장의 당연한 반응이라고 생각할 수 있다. 그러나 워런 버핏은 향후 자본의 20%의 이익을 내는 사업으로 회복할 때를 기다리고 있었기 때문에 PBR 1배 미만의 주가는 그에게 할인판매였다.

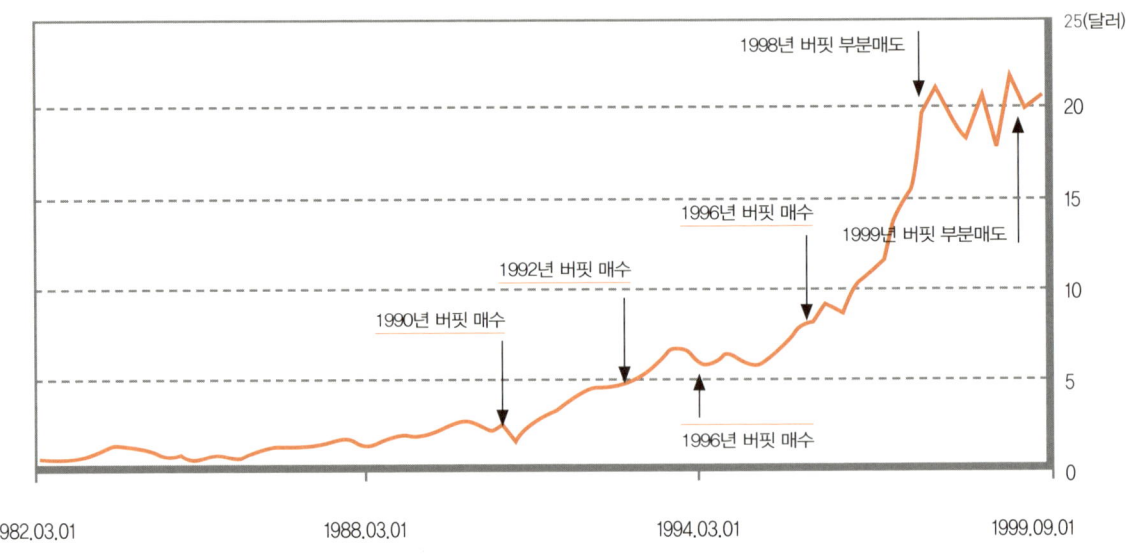

웰스 파고의 주가 추이와 워런 버핏의 매매 시기

버핏의 내재가치 평가 기타 사례

로버트 해그스트롬의 『다시 워런 버핏처럼 투자하라 The Warren Buffett Way』를 보면, 몇 가지 투자 사례를 통해 버핏이 내재가치를 구체적으로 계산하는 과정이 저자의 추정과 함께 설명되어 있다. 지금까지 설명한 내재가치 계산방법이 잘 적용되어 있어서 버핏의 투자방법을 공부하는 이들에게 상당히 유용하다.

워싱턴포스트의 경우, 버핏은 1985년 주주편지에서 "대다수 증권분석가와 미디어 중개인, 미디어 경영자들은 워싱턴포스트의 내재가치를 4억 달러에서 5억 달러로 추산했어야 한다"고 언급한다. 버핏이 워싱턴포스트의 주식을 처음 매입하기 시작한 1973년에 워싱턴포스트 주식의 시가총액은 8,000만 달러였는데, 버핏 말대로라면 내재가치의 20% 수준에서 거래되고 있었던 셈이 된다.

로버트 해그스트롬에 의하면, 1973년 당시 워싱턴포스트의 주주이익은 1,040만 달러로 산출되는데, 당시 미국 장기 국채 수익률(6.81%)로 나누면 내재가치는 1.5억 달러로 계산된다. 버핏은 신문사의 자본 지출은 사업모델 특성상 결국 감가상각비와 비슷해질 것으로 봤기 때문에 당시 순이익 기준으로 내재가치를 계산하면 1.96억 달러로 계산된다고 해그스트롬은 추정한다.

하지만 버핏이 계산한 4~5억 달러와는 차이가 크다. 1.96억 달러의 내재가치는 미국 장기 국채 수익률로만 나눠줬기 때문에 주주이익의 장기 성장률이 인플레이션과 같다는 가정이 반영되어 있기 때문이다. 당시 신문사들은 대부분 지역독점이었기 때문에 가격결정 능력을 갖고 있었고 인플레이션보다 높은 수준의 이익 성장이 가능했었다. (현재는 인터넷의 등장으로 경제적 해자가 많이 훼손된 상태다.) 이런 부분을 감안해서 워싱턴포스트가 인플레이션보다 3% 만큼 가격을 더 올릴 수 있다고 가정하면 내재가치는 3.5억 달러로 계산된다. 버핏은 당시 CEO인 캐서린 그레이엄이 10% 수준의 세전마진(법인세차감전 이익률)을 과거와 같은 15% 수준으로 회복시키기로 계획했다는 것을 알고 있었다고 한다. 따라서 이를 반영하면 내재가치는 4.9억 달러에 달해 버핏이 주주 편지에서 언급한 워싱턴포스트의 내재가치에 근접하게 된다.

(단위:만 달러)		
예상주주이익	1,850	15% 세전 마진, 자본지출=감가상각비 기준
장기국채수익률	6.8%	
인플레이션─성장률	3.0%	지역독점 사업모델
내재가치	48,500	1,850 / (6.8% − 3.0%)

1973년 워싱턴포스트 내재가치 계산

PER로 계산하면, 버핏은 적정 주주이익을 기준으로 워싱턴포스트의 적정 PER을 26배(4.9억 달러 / 1,850만 달러)로 계산하고 있었다고 볼 수 있다. 당시 시가총액 8,000만 달러는 순이익 1,330만 달러 대비 6배 수준이며, 버핏이 추정한 적정 주주이익의 4.3배에 거래되고 있었다.

코카콜라의 경우는 로버트 해그스트롬이 직접 추정한 내용 위주로 소개되어 있는데, 빠르게 성장하는 기업에 대해 시나리오별로 접근한 부분이 인상적이다. 버핏이 코카콜라를 매수한 1988년 주주이익은 8억 2,800만 달러였고, 당시 장기 국채 수익률은 9% 수준이었다. 주주이익을 9% 할인율로 할인하면 내재가치는 92억 달러로 계산되지만, 당시 코카콜라의 시가총액은 148억 달러에 달했다.

해그스트롬은 1981년부터 1988년 동안 코카콜라의 주주이익 성장률을 살펴볼 필요가 있다고 지적한다. 주주이익은 연평균 17.8퍼센트로 성장했으며 이는 무위험수익률을 크게 상회하는 수치였다. 해그스트롬은 수익의 증가세가 두드러지는 기간과 그 후 둔화되는 기간으로 나눠 계산하는 2단계 할인 모델을 통해 코카콜라의 내재가치를 나름대로 추정했다.

먼저 향후 10년 동안 연평균 15% 성장하고 그 이후에는 5%로 둔화된다고 가정하면 내재가치는 484억 달러로 계산된다. 좀 더 보수적으로 12% 성장과 그 이후 5%의 성장세를 가정하면 382억 달러, 향후 10년간 10% 성장과 그 이후 5% 성장세의 경우는 325억 달러로 계산된다. 전 기간에 걸쳐 꾸준히 5%의 성장률을 가정하면 207억 달러의 내재가치가 계산된다.

당시 코카콜라는 이머징 국가에 대한 본격적인 진출을 앞두고 있었고, CEO 로베르토 고이주에타에 의한 혁신 과정에 있었으며, 무엇보다 강력한 브랜드에 의한 가격결정 능력이 있었기 때문에 주주이익 성장률에 대해 긍정적인 가정이 가능했다고 보인다. 비록 해그스트롬이 나름대로 추정한 결과지만, 성장률에 대한 시나리오별로 내재가치를 계산하고 '범위'로 접근한 부분은 실제 투자 현실에서 상당히 유용하다.

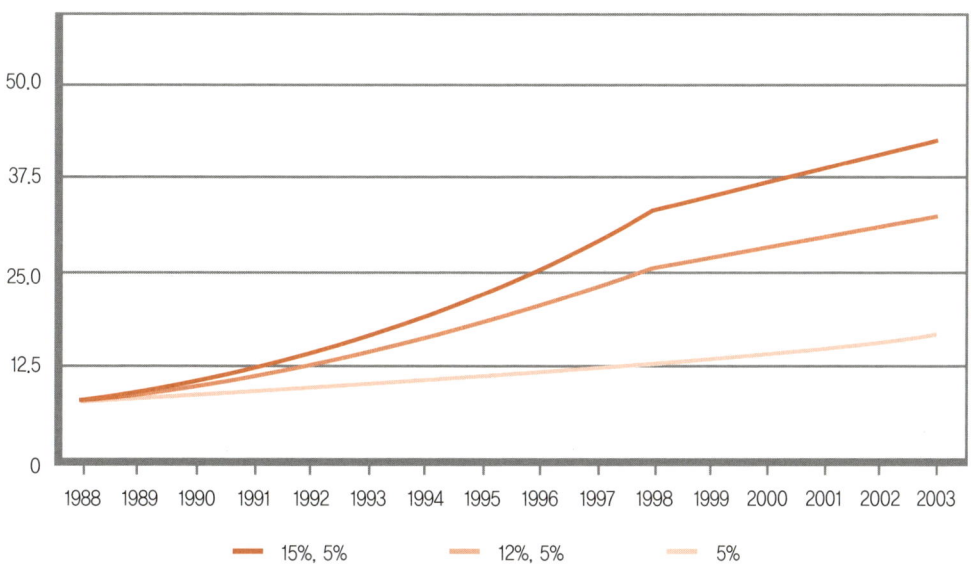

코카콜라의 성장률 시나리오별 예상 주주이익 추이

5 계산할 가치가 있는 기업부터 찾자

지금까지 워런 버핏이 기업의 적정 내재가치를 계산하는 방법을 워런 버핏이 직접 작성한 주주편지의 내용을 토대로 살펴봤다. 하지만 앞서 언급했듯이 워런 버핏은 기업가치 계산과 사업에 대한 분석을 따로 떼어놓고 생각하지 않기 때문에 어떤 기업에나 워런 버핏의 기업가치 계산방식을 적용하는 것은 현실적으로 바람직하지 않다. 사업 고유의 리스크는 사업 자체에 대한 분석을 통해 판단을 해야 하며 단순히 더 싼 가격에 주식을 매수한다고 해서 사라지는 것은 아니기 때문이다. 아무리 싼 가격에 주식을 매수했다고 하더라도 정작 그 기업이 파산하게 된다면 투자원금을 모두 날리는 것은 불을 보듯 뻔하다.

따라서 워런 버핏은 어떤 유형의 기업들에 대해 투자를 하는지 살펴보지 않을 수 없다. 워런 버핏이 투자하는 기업들에 관한 보고서나 책은 시중에 많이 나와 있다. 특히 기업의 경제적 우위를 지속적으로 지켜주는 강한 장벽과도 같은 경제적 해자와 관련된 출판물들의 출간이 봇물을 이루고 있다고 해도 과언이 아니다. 기업의 경제적 해자에 대한 깊이 있는 분석에 대해서는 시중에 나와 있는 수많은 훌륭한 책들에게 자리를 양보하는 것이 바람직하다고 생각해 자세한 언급은 생략한다.

워런 버핏의 기업가치 평가방법이 반드시 사업에 대한 분석과 함께 언급되어야 하기 때문에 이 책에서는 주주편지의 내용을 바탕으로 사업적인 부분에 대한 워런 버핏의 관점을 살펴보는 데 의의를 두고자 한다.

강력한 경제적 해자가 있는 기업

기업의 우위를 지속적으로 지켜주는 무형의 가치인 경제적 해자는 워런 버핏과 떼려야 뗄 수 없는 개념으로 워런 버핏 투자의 근간을 이루고 있다. 원래 워런 버핏은 회계적 영업권Accounting Goodwill(피합병법인의 순자산을 초과하는 인수합병 대가)의 허구에 대해 설명하기 위해 경제적 해자라는 표현보다 경제적 영업권Economic Goodwill이라는 개념을 소개했다. 이후 경제적 영업권 개념이 좀 더 가다듬어지고 깊이 있는 경제적 해자의 개념으로 발전하게 되었다.

1983년 주주편지에서 워런 버핏은 기업을 바라볼 때 그 이전에는 유형의 가치에 집중했었으나 무형의 가치에 더 집중하게 된 과정에 대해 언급한다. 잘 알려진 것처럼 워런 버핏은 스승인 벤저민 그레이엄으로부터 기업의 유형가치를 분석하는 방법을 배웠고 유형의 가치에 주로 집중하며 투자를 해왔다. 그러나 괄목할 만한 투자성과를 거두었음에도 불구하고 그렇게 유형의 가치에만 집중한 결과 탓에 너무도 훌륭한 기업들을 놓쳐왔다고 후회하게 된다.

"새로운 아이디어를 받아들이는 것보다 과거의 아이디어로부터 벗어나는 것이 정말 어려운 것"이라는 케인스의 말을 빌려 과거 유형가치 중심의 투자로부터 벗어나는 것이 얼마나 힘겨운 일이었는지를 토로한다. 워런 버핏은 직접 사업을 경영하면서 그리고 훌륭한 경영자들이 경영하는 것을 옆에서 지켜보면서 무형의 가치가 기업을 평가할 때 더 중요하다는 것을 점점 깨닫게 되었다고 말한다. 워런 버핏이 언급하는 무형의 가치, 즉 경제적 해자는 기업을 둘러싼 장벽에 대한 주관적인 느낌이나 혹은 설명될 수 없는 개인적인 견해를 의미하는 것은 아니다. 오히려 높은 자본효율을 거둘 수 있는 원천이며 그 결과만 숫자로 드러날 뿐이다.

1983년 주주편지에서 워런 버핏은 경제적 해자의 유형을 다음과 같이 세 가지로 정리한다.

1) 소비자 독점기업
2) 이익규제가 없는 정부 독점기업 (예 : 방송사)
3) 저비용 기업

또한 2007년 주주편지에서는 두 가지 유형의 경제적 해자에 대해 언급한다. 가이코GEICO나 코스트코Costco Wholesale와 같은 저비용 기업과 코카콜라나 질레트The Gillette Company, 아메리칸 익스프레스American Express와 같은 강력한 세계적인 브랜드를 갖고 있는 기업으로 분류한다.

1983년과 2007년에서 언급한 유형에 변화가 있는 이유는 방송사의 경우 경쟁이 심해지면서 과거 과점 구조가 깨지게 되었기 때문이다. 결국 워런 버핏이 직접적으로 언급한 유형은 강력한 브랜드를 통해 사실상 독점기업의 지위를 누리고 있는 '소비자 독점기업'과 산업의 구도는 비록 경쟁이 치열하지만 특유의 저비용 구조에 의한 저가전략으로 지속적인 우위를 지켜나가는 '저비용 기업'이다.

그런데 이 두 가지 유형의 공통점은 무엇일까? 바로 높은 자본효율(자본주주이익률)을 유지시켜 준다는 것이다. 워런 버핏이 언급하는 경제적 해자는 반드시 높은 자본효율과 연결해서 생각해야 한다. 아무리 강력한 브랜드를 갖추고 있거나 경쟁사 대비 저렴한 제품으로 우위에 놓여 있다고 하더라도 자본효율이 기회비용인 할인율보다 낮다면 창출하는 부가가치가 낮아 의미가 없어진다. (이런 경우는 주가가 장부가치보다 낮을 가능성이 크다.)

반대로 자본효율이 높다고 해서 반드시 경제적 해자를 갖추고 있다고 볼 수

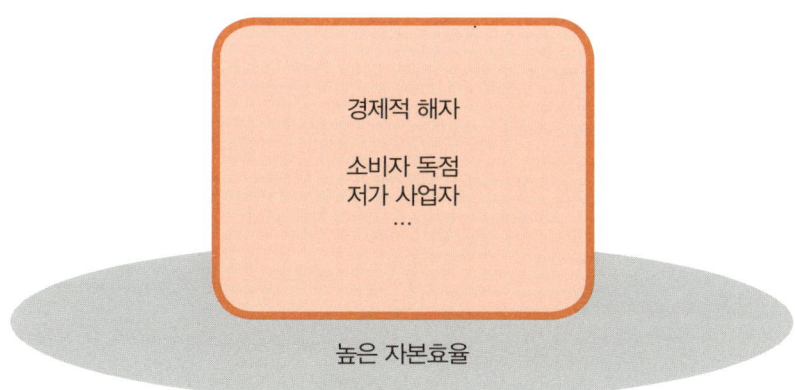

는 없다. 단순히 부채를 늘리는 것만으로도 자본의 효율은 올라갈 수 있기 때문이다. 오히려 경제적 해자가 갖춰지지 않은 기업의 자본효율이 높다면 향후 치열한 경쟁으로 경영상황이 급격히 악화될 수 있는 가능성을 염두에 두어야 한다.

보통 강력한 브랜드를 갖추고 있어 소비자 독점력이 있는 기업들은 자본효율이 높을 가능성이 크다. 제품의 가격결정권을 기업이 직접 쥐고 있으며 경쟁이 치열하지 않아 적정 수준의 이익률을 유지할 수 있기 때문이다. 그러나 강력한 소비자 독점력을 갖춘 기업의 자본효율이 낮을 가능성도 배제할 수 없다. 기업의 효율성은 결코 외부적인 요소에 의해서만 결정되는 것이 아니기 때문이다. 한 개인이 아무리 돈을 잘 벌어도 씀씀이가 그만큼 크거나 벌어둔 돈으로 허튼 짓을 하면 경제적 지위가 더 나아지지 않는 것과 일맥상통한다. 지속적으로 높은 자본효율을 거두려면 내부적인 비용통제 능력을 갖춰야 한다. 쌓여가는 현금에 대한 올바른 투자판단 능력 또한 중요한 부분이다.

워런 버핏은 이러한 회사 내적인 능력을 따로 떼어 경제적 해자를 설명하지 않는다. 2005년 주주편지에서 워런 버핏의 경제적 해자 관련 언급부분을 살펴보자.

> 매일 수많은 방식으로 우리가 소유한 각각의 사업들의 경쟁력은 약해지거나 강해진다. 우리가 고객들을 기쁘게 해주고 불필요한 비용은 제거하며 제품과 서비스들을 개선해 나간다면 우리는 더 강해지는 것이다. 그러나 우리가 고객들을 허투루 대하고 자만심에 빠져 있게 된다면 반대로 사업은 시들게 된다. 날마다 이러한 행동들의 결과를 인지할 수는 없지만 계속 쌓이면 그 결과가 엄청나게 된다.
>
> 장기간의 경쟁력이 이러한 인식할 수 없는 행동들의 결과로 인해 개선될 때 우리는 그런 현상을 '해자가 넓어진다'고 표현한다. 지금부터 10년 혹은 20년 동안 원하는 사업을 보유하고자 한다면 이런 해자의 구축은 필수적이다.
>
> 대부분 회사들은 항상 단기간에 많은 돈을 벌기를 원한다. 그러나 단기 목표와 장기 목표가 상충될 때 해자를 넓히는 작업은 반드시 둘 사이에 선택하도록 만든다. 만일 경영진이 단기 목표를 위해 좋지 않은 판단을 내리고 그 결과, 비용과 고객만족 또는 브랜드 파워의 관점에서 잘못된 부분을 발견한다면 아무리 현명한 후속조치가 취해진다 하더라도 그 피해를 복구할 수는 없다. 선임자들이 초래한 손해에 직면하여 고군분투하는 오늘날의 자동차, 항공산업의 경영진들이 봉착해 있는 딜레마를 자세히 살펴보라. 찰리 멍거는 벤저민 프랭클린의 '1온스의 예방이 1파운드의 치료보다 가치가 있다'는 격언을 인용하기 좋아한다. 그러나 때때로 아무리 좋은 치료라 할지라도 과거의 실수를 만회하기 어려운 경우가 있다.

위의 편지 내용에서 알 수 있듯이 워런 버핏은 항상 제품, 서비스 개선과 브랜드 파워를 비용통제와 따로 생각하지 않는다. 물론 앞의 두 가지 능력 또한 내부적인 역량이 발현된 결과라고 볼 수 있다. 그러나 비용통제 능력과 연결해서 생각하지 않으면 자칫 기업을 막연한 느낌만으로 보게 돼, 투자에 있어서 좋지 않은 결과를 낳을 수 있다.

워런 버핏이 독점기업이나 과점기업만 투자대상으로 삼는다고 생각하면 오산이다. 물론 독점성을 선호하는 것은 사실이지만 결코 독점 능력이 있는 기업만을 투자대상으로 삼지는 않는다. 가격결정 능력이 없어 산업의 환경에 따라 부침이 있는 사업 또한 유심히 지켜보며 투자한다. 워런 버핏이 이런 산업에서 가장 중요하게 생각하는 부분은 경쟁사에 비해 품질 좋은 제품을 저가에 공급할 수 있는지 여부이다.

워런 버핏이 좋아하는 네브래스카 퍼니처 마트Nebraska Furniture Mart나 가이코GEICO, 포스코POSCO 모두 이런 유형의 기업에 속한다. 가구산업은 진입장벽이 낮아 경쟁이 치열하다. 그런 산업 구도 속에서 워런 버핏이 네브래스카 퍼니처 마트에서 집중한 부분은 좋은 품질의 제품들을 경쟁사에 비해 저가에 공급할 수 있는 로즈 블룸킨Rose Blumkin 여사의 능력이었다. 결국 네브래스카 퍼니처 마트는 당시 오마하 지역 1위 업체의 집중 견제를 따돌리고 강력한 지위를 확보하게 된다. 1984년 주주편지에서 네브래스카 퍼니처 마트에 관해 워런 버핏은 "네브래스카 퍼니처 마트는 고객들에게 같은 상품을 다른 평범한 상점에서 구입할 때보다 최소 연간 3,000만 달러 이상을 절약해주면서도 대단한 자기자본이익률을 거둘 수 있다. 이것이 바로 네브래스카 퍼니처 마트의 성공 비결이다"라고 언급하고 있다.

가이코 역시 마찬가지의 경우이다. 워런 버핏은 자동차보험업을 상품간 차별이 거의 불가능한 상품Commodity 산업이라고 표현할 정도로 자동차보험업의 영업 환경에 대해 비판적인 입장을 취한다. 그러나 그 속에서 최저가 상품을 통해 경제적 우위를 키워나가는 가이코에 대한 애정은 변함이 없다. 포스코 또한 최고품질의 철강제품을 최저가격에 판매함으로써 제품간 차별이 거의 불가능한 철강 시장에서 나름의 견고한 지위를 유지해나가고 있다. 워런 버핏은 좋은 품질의 제품을 경쟁사에 비해 저가에 판매하는 곳이 있다면 소비자들은 물 속이라도 찾아낼 것이라고 말할 정도로 고품질의 저가 제품 기업들에 대한 애

착이 남다르다.

물론 이 외에도 경제적 해자의 기능을 구성하는 요소들은 많이 있다. 『경제적 해자The Little Book That Builds Wealth』의 저자인 팻 도시Pat Dorsey는 사용자가 늘어나면 늘어날수록 제품과 서비스의 가치가 증가하는 네트워크 효과, 고객이 쉽게 이탈하기 어려운 전환비용, 이익의 지속성을 유지하기 위한 이익 포트폴리오 분산 등의 다른 여러 요소들에 대해 언급하고 있다. 그러나 중요한 것은 이러한 경제적 해자가 높은 자본효율로 연결되는지 여부이다. 투자자들은 항상 그 기업이 창출해내는 숫자를 통해 검증하려고 노력해야 한다.

● 인플레이션을 이기는 기업

워런 버핏은 투자에 관해 언급할 때 인플레이션 상황을 항상 염두에 둔다. 워런 버핏이 기업 자체에만 집중할 뿐 거시적인 측면을 전혀 고려하지 않는다는 말은 적절하지 않다. 다만 단기적인 예측을 하지 않을 뿐이다. 자신을 포함하여 어느 누구도 시기에 관한 예측을 할 수 있는 능력은 없다고 믿을 뿐이다.

그런데 워런 버핏은 거시적인 지표에 민감하다. 현재 벌어지고 있는 거시경제 상황이 향후 궁극적으로 초래하게 될 영향에 대해 장기적인 관점에서 고민한다. 워런 버핏이 주주편지에서 인플레이션을 고민하는 부분이나 미국의 재정적자와 그에 따른 달러 가치 하락에 대해 언급하는 부분을 보면 거시적인 환경에 관한 워런 버핏의 깊이 있는 통찰을 느낄 수 있다.

사실 워런 버핏이 높은 자본효율을 보여주는 기업을 좋아하는 이유 중의 하나가 인플레이션 때문이다. 같은 이익을 얻기 위해 투입되어야 하는 자본의 규모가 큰 기업은 상대적으로 작은 기업에 비해 인플레이션 상황에서 높은 부가가치를 창출하기 어렵다.

워런 버핏은 1983년 주주편지에서 25%의 자본효율을 거두는 시즈 캔디와 11%의 자본효율을 보여주는 평범한 사업을 비교하면서 인플레이션 상황에서 두 기업이 창출하는 부가가치가 어떻게 다른지 자세히 설명한다. 시즈 캔디는 투입되는 자본 대비 3.125배의 가치가 있으나 평범한 사업은 1배의 가치만 창출할 뿐이다. 사업의 확장을 배제하고 단지 유지해 나가는데 있어서 인플레이션은 향후 투입되는 자본의 규모가 커질 수밖에 없게 만든다. 자본효율이 유지된다고 가정하면 시즈 캔디는 여전히 투입되는 자본 대비 3.125배의 부가가치를 창출하는 반면에 평범한 사업은 1배의 가치를 창출한다.

워런 버핏은 사업에서 투입되어야 하는 순유형자산Net tangible asset을 중요하게 생각한다. 인플레이션 상황에서는 순유형자산의 가격 또한 올라가기 때문에 사업을 유지해 나가기만 해도 투입되어야 하는 자본규모가 최소한 인플레이션만큼 커질 수밖에 없다.

만일 가격결정 능력이 있어 최소한 인플레이션만큼 가격을 꾸준히 올려 나갈 수 있다면 자본효율은 유지할 수 있을 것이다. 인플레이션에 의해 이익과 투입되는 순유형자산의 절대적인 규모는 최소한 인플레이션만큼 커질 것이다. 투입해야 하는 순유형자산의 규모는 인플레이션만큼 증가하는데 가격결정 능력이 없어 거둬들이는 이익규모는 인플레이션보다 덜 성장하게 된다면, 시간이 지날수록 사업만으로 순유형자산을 확보하는 데 필요한 자금을 조달하기가 어려워질 것이다. 즉 외부에서 자금을 조달해야 하는 상황을 피할 수 없게 된다.

사업을 영위하는 데 있어서 투입해야 하는 순유형자산의 규모가 작으면 작을수록 인플레이션 상황에서 부담이 줄어든다. 같은 규모의 이익을 창출하기 위해 투입되는 순유형자산의 규모가 작을수록 무형의 자산은 큰 셈인데 무형의 자산은 인플레이션에 비례해서 영향을 받지 않기 때문이다. 이것은 장치산업에 속하는 수많은 기업들이 시간이 지날수록 벌어들이는 이익의 규모보다 설비투자 규모가 커져 주주이익이 급격히 줄어드는 이유를 잘 설명해준다. 만일 매출과 이익의 규모가 최소한 인플레이션만큼 성장할 수 있다면 공급 물량이 유지된다고 가정했을 때 늘어나는 설비투자 규모를 외부 조달 없이 감당할 수 있었을 것이다.

인플레이션은 사업 확장을 전혀 고려하지 않고 단순히 현상 유지만 시킬 목적으로 지속해나간다 하더라도 투자 규모를 늘리지 않을 수 없게 만드는 주범이다. 그만큼 기업은 항상 자금을 확보하고 있어야 한다. 대부분의 기업들은 인플레이션만큼 벌어들이는 이익의 규모를 늘리기가 쉽지 않다.

이익을 늘리는 방법은 단순하게 보면 두 가지 방법이 있다. 매출을 늘리거나 비용을 줄이는 것이다. 만일 가격결정 능력이 있어서 가격인상을 통해 매출을 늘릴 수 있다면 상대적으로 인플레이션을 이기기가 쉬울 것이다. 마찬가지로 비록 가격결정 능력은 없더라도 비용을 탁월하게 줄여나갈 수만 있다면 역시 인플레이션을 극복하기가 수월할 것이다. 이것이 바로 워런 버핏이 경제적 해자를 지닌 기업을 소비자 독점기업과 저비용 사업자로 구분한 이유이다.

가격인상이 아닌 판매량이 늘어나는 그야말로 산업의 환경이 좋은 상황이라면 더 말할 나위가 없을 것이다. 그러나 좋은 업황에만 의존해서 이익이 늘어나는 기업은 주의할 필요가 있는데 호시절이 언제까지 유지될지는 아무도 알 수 없기 때문이다.

또한 장기적으로 인플레이션보다 높은 이익 성장이 가능한 사업은 그렇지 않은 사업에 비해 기업가치를 더 높게 인정받을 수 있다. 장기이익 성장률은 내재가치 계산에서 할인율(장기국채수익률+인플레이션-장기이익성장률)의 축소로 이어지기 때문에 내재가치는 높게 계산된다. 만일 이런 부분이 충분히 반영되지 않은 가격에 매수한다면, 이익 성장에 의한 가치증가와 함께 배수의 재평가에 의한 부분까지 더해져 상당히 높은 수익을 거둘 수 있게 된다.

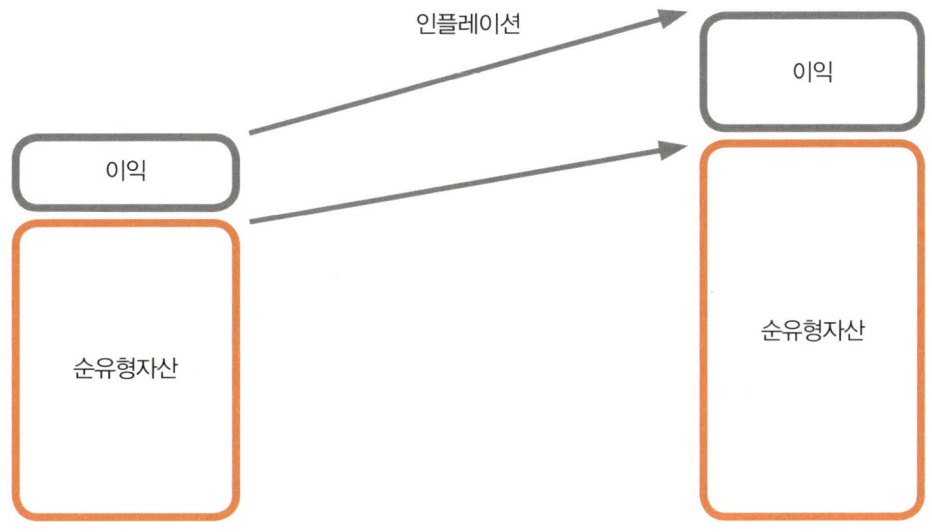
인플레이션 하에서 순유형자산의 비중이 큰 기업

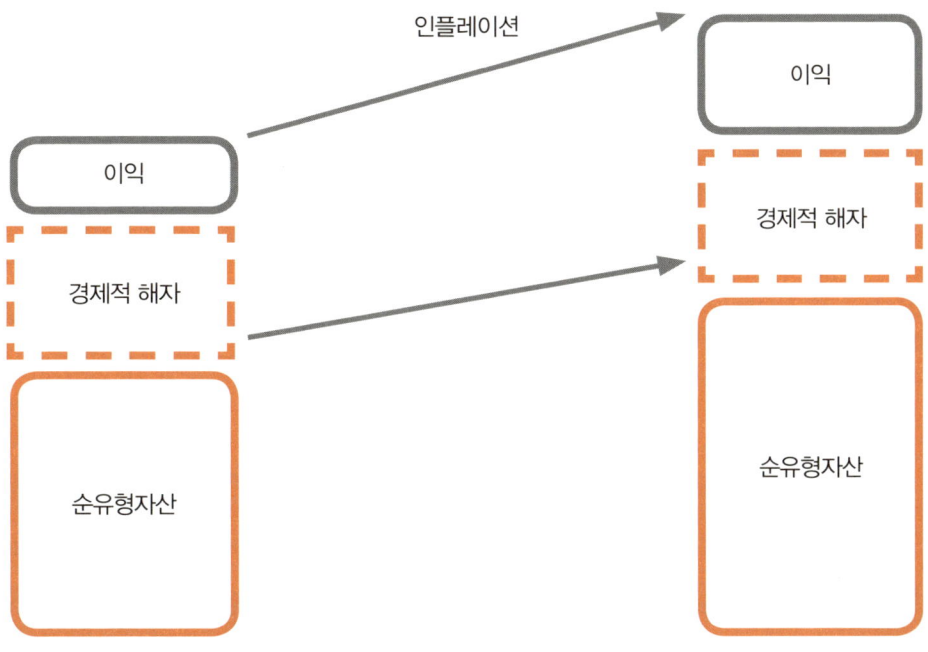
인플레이션 하에서 순유형자산의 비중이 작은 기업

정말로 주주 입장에서 생각하는 기업

워런 버핏은 주주 입장에서 의사 판단을 내리는 기업을 선호한다. 정확하게 표현하자면 주주의 입장을 고려하면서 기업을 이끌어가는 경영진을 중요하게 생각한다. 요즘은 많은 투자자들이 워런 버핏과 같이 주주 친화적인 기업을 선호하는 편이다. 이 때문인지 확실한 배당정책을 통해 주주들에게 신뢰를 주고 자본효율을 중요하게 생각하며 주주의 지분가치를 희석시키지 않는 방향으로 의사판단을 내리려고 노력하는 기업들도 많아졌다. 더 이상 주주 입장을 생각한다는 말이 낯설지 않아졌다. 그러나 과연 이 같은 행동을 하는 기업이 주주 친화적인 기업일까? 주주편지를 읽다 보면 워런 버핏은 주주 친화적인 기업을 조금 다르게 정의하고 있다.

1984년 주주편지에서 워런 버핏은 일정한 배당정책을 갖고 있어 겉으로 보기에는 주주 친화적인 기업처럼 보이지만 실질적으로는 비합리적인 기업들에 대해 일침을 가한다.

워런 버핏은 보통 기업들이 배당성향(순이익 대비 배당총액의 비율)을 40%나 50%의 식으로 배당정책을 정하는 경우가 많지만 그런 배당정책이 주주들에게 과연 어떤 도움이 되는지에 대해서는 생각하지도 않는다고 지적한다. 물론 배당은 주주 입장에서 의미가 있지만 기업 현실을 고려하지 않고 무분별하게 배당하거나, 이유 없이 배당하지 않는 기업들은 진정 주주 입장에 서는 기업이 아닌 것이다.

모든 이익은 동일하게 만들어지는 것이 아니다. 자본효율이 낮아 투입되는 자본의 규모가 큰 사업에서 창출되는 이익은 현실적으로 투자자에게 큰 의미가 없다. 앞서 언급했듯이 인플레이션은 그러한 이익들을 사업이 유지되는 데 반드시 재투자되게 만든다. 이런 이익을 워런 버핏은 제한된 이익Restricted

Earnings이라고 정의하는데, 제한된 이익은 기업이 건강하게 지속되기 위해 절대로 배당해서는 안 된다고 언급하고 있다. 만일 제한된 이익을 꾸준히 배당한다면 향후 추가적인 자본이 투입되지 않는 한 그 사업은 사라져버릴 수밖에 없어 주주들은 더 큰 대가를 치를 수밖에 없다는 것이다.

반면에 제한된 이익을 초과하는 부분인 제한되지 않은 이익은 실질적으로 배당가능이익이 될 수 있다. 그러나 경영진들은 제한되지 않은 이익에 대해 어떤 방법이 주주이익을 극대화하는 것인지 고민해야 한다. 보통 경영진들은 제한되지 않은 이익까지도 향후 사업 영역을 다각화하거나 극도로 안정된 재무상태 속에서 경영하기 위해 유보한다. 이는 IMF를 극복하는 과정에서 막무가내로 현금을 사내에 유보해 온 국내 기업들에게서 쉽게 찾아볼 수 있는 모습이다.

그런데 워런 버핏은 사내에 유보할 때는 반드시 유보하는 이유가 합리적이어야 한다고 주장한다. 즉 유보하는 이익 1달러가 최소한 1달러 이상의 가치는 가질 수 있어야 한다는 이야기이다. 만일 어떤 기업 A의 자본효율이 5%이고 기업 A의 자회사 B는 10%, 또 다른 자회사 C는 15%의 자본효율을 내는 기업이라고 가정해보자. 이런 상황에서 기업 A는 일반적으로 자회사 B에게 효율적인 자본의 재배치를 이유로 이익 전부를 배당할 것을 지시한다. 그러나 투자자들의 기회비용이 10%인 상황에서 기업 A는 자회사들에게 적용했던 논리를 버리고, 과거에 해왔던 관행에 따라 배당하거나 산업 평균적인 배당정책을 따르려는 경향을 보인다. 워런 버핏은 기업들의 이런 비합리적이고 자기모순적인 행동에 대해 그냥 넘어가지 않는다. 이렇게 비합리적으로 유보된 이익들이 결국 자본효율이 더 낮은 사업에 투자됨으로써 점점 더 주주이익에 반하는 결과를 낳는 악순환에 대해 신랄하게 비판한다.

자본효율이 낮은 사업에 대해 재투자를 하는 기업들은 보통 자본효율이 높은 건실한 사업을 핵심사업으로 갖고 있는 경우가 많다. 그러나 지속되는 비합리적인 자본의 재배치로 인해 전반적으로 자본효율이 낮아지는 결과를 초래하게 된다. 워런 버핏은 강력한 핵심사업 덕분에 좋은 실적이 유지된다 하더라도 자본 재배치의 실패에 대해서는 단호하게 책임을 물어야 한다고 주장한다.

핵심사업의 호조로 제한되지 않은 이익까지 창출되는 상황이라면 차라리 핵심사업을 확장하는 데 이익을 사용하거나 자사주를 매수하는 것이 주주 입장을 생각하는 방법이라고 역설한다. 이익이 합리적으로 유보되지 않는 기업에서는 경영진 또한 합리적으로 남아 있는 것이 아닐 가능성이 높은 법이다. 팻 도시는 저서 『경제적 해자』에서 기업의 이런 행동을 해자 외부에서 성장을 추구하는 것으로 정의한다. 기업이 자신의 해자 외부에서 확장을 꾀한다면 그만큼 그 기업의 해자는 얇아지는 것이다.

1982년 주주편지를 보면 워런 버핏은 기업의 인수합병 시에 경영진들의 주주가치를 파괴하는 행위들에 대해 낱낱이 폭로한다. 이 내용은 어떤 기업이 주주 친화적인 기업인지 해답을 얻는 데 도움이 된다.

대개 매각되는 기업은 그 기업이 특별히 어려움으로 고생하고 있는 상황이 아니라면 인수합병 협상을 통해 충분히 좋은 가격을 받을 가능성이 높다. 반면에 인수하는 기업은 인수되는 기업이 아무리 좋은 기업이라 하더라도 협상을 통해 충분히 할인된 가격에 인수하게 될 가능성은 거의 없다. 게다가 인수하는 기업이 주식을 발행해서 인수하는 경우 주가가 시장에서 내재가치를 충분히 반영하고 있는 상황이 아니라면 제값을 못 받는 돈으로 비싼 물건을 사는 것과 같아서 상황은 더 악화된다.

불행하게도 규모를 중요하게 생각하거나 행동이 앞서는 경영진이라면 이러한 주주가치를 파괴하는 인수행위에 대해 충분히 자기합리화를 하고자 한다. 여기에 투자은행가들은 이런 경영진들을 더욱 고무시켜줄 뿐이다. 워런 버핏이 지적하는 경영진들의 자기합리화를 살펴보자.

1) 우리가 인수하는 기업은 미래에 상당한 가치를 갖게 될 것이다.
2) 우리는 성장해야만 한다.
3) 우리 주식은 내재가치에 비해 할인되어 있기 때문에 최소한으로 주식을 사용하고자 한다. 그러나 매각하는 기업 측 주주들의 세금을 고려해서 51%의 주식과 49%의 현금으로 인수대가를 치르고자 한다.

먼저 1)번의 경우 워런 버핏은 피인수기업뿐만 아니라 인수기업도 마찬가지로 미래에 상당한 가치를 갖게 된다고 지적한다. X를 얻기 위해 2X를 지불했다면 미래에 피인수기업, 인수기업 모두 두 배씩 성장하더라도 가치와 지불가격의 불균형은 남아 있게 된다.

2)번에서 워런 버핏은 도대체 '우리'가 누구인지 알 수가 없다고 언급한다. 아무리 성장에 성장을 거듭한다 하더라도 주식을 지속적으로 발행해야 한다면 보유주식의 가치는 희석되어 떨어질 수밖에 없고 성장은 주주에게 큰 의미를 갖지 못할 수 있다.

3)번의 경우는 인수하는 기업 주주들 입장에서 주식을 발행하지 않는 것이 이익이라는 것을 경영진들이 인정하는 셈이 된다. 100% 주식 발행이 주주들에게 좋지 않은 결과를 낳는다면 51% 발행 또한 마찬가지이기 때문이다. 인수되는 기업의 주주 입장은 고려하면서 정작 인수하는 기업의 주주 입장은 고려하지 않는 결과를 초래하게 되는 것이다. 워런 버핏은 만일 매각하는 기업의 주주들이 매각하는 조건으로 인수하는 기업의 경영진 교체를 내걸었다면 상황은 많이 달라졌을 것이라고 지적한다. 금융위기 전에 무분별하게 확장에 목숨 걸었던 기업들이 당시 위와 같은 자기합리화 속에서 비싸게 인수한 기업들을 자금 조달 목적으로 헐값에 떠넘겼던 현실을 생각해 보면 워런 버핏이 지적한 경영진들의 모습이 얼마나 모순되어 있는지 느낄 수 있을 것이다.

이제 과연 어떤 기업이 주주 입장에서 생각하는 기업인지 그림이 그려지는가? 배당을 많이 준다든지 배당정책이 확실하다는 기준으로 주주 친화적인 기업이라 말하는 것은 워런 버핏의 관점에서 상당히 애매하고 피상적인 판단이다. 기업의 매 의사판단에서 주주의 입장이 기초가 되고 있다는 것을 느낄 수 있을 때 실질적으로 주주 친화적인 기업이라 말할 수 있을 것이다. 그런 기업들을 투자대상으로 고려해야 하지만, 실제 투자 현실에서 이런 기업들을 찾기는 쉽지 않다. 한국과 같은 신뢰가 낮은 사회에서는 더욱 그렇다. 다만 투자 대상 기업들의 주주 친화 정도를 체크해보는 데 버핏의 견해는 합리적인 기준을 제공해줄 수 있을 것이다.

내재가치로 찾는 최적의 매매 시기

> 우리는 성공적인 투자의 열쇠는 좋은 사업을 내재가치에 비해 크게 할인되었을 때 매수하는 데 있다고 벤저민 그레이엄으로부터 배웠다.
>
> — 워런 버핏, 1985년 주주편지 중에서

● 성공 가능성을 높이는 매수 기준과 시기

사실 워런 버핏의 매수 시기와 매도 시기에 대해서 정확히 알 수 있는 방법은 없다. 다만 그해 주주편지에 소개된 포트폴리오의 변화를 통해 유추해볼 뿐이다. 또한 버크셔가 미 증권위원회에 지분변동에 대해 공시한 내용으로 추정할 수 있다.

워런 버핏의 매수원칙은 이미 잘 알려져 있듯이 쌀수록 좋다고 정의할 수 있다. 싸게 살수록 안전마진을 확보하게 되기 때문이다. 설령 내재가치에 대한 계산이 틀렸다 하더라도 안전마진만큼 일종의 안전판을 갖게 되는 것이기 때문에 실수에 의한 손실 가능성을 줄여준다. 일반적으로 워런 버핏은 자신이 계산한 내재가치보다 30% 정도 할인된 가격에 매수하는 것으로 알려져 있다. 그러나 워런 버핏이 직접 이에 대해 언급한 적은 없다.

워런 버핏은 기업을 통째로 인수할 때는 내재가치가 충분히 반영된 가격에 협상을 하지만 주식시장에서 지분을 살 때는 대폭적인 할인기간에 매수에 들어간다. 대폭적으로 할인되는 시기는 두 가지로 나눠볼 수 있는데 첫 번째는 주식시장 자체의 폭락이고 두 번째는 해당 기업에 문제가 발생했을 경우이다.

워런 버핏은 기업에 문제가 발생하여 주가가 떨어졌을 때는 무조건 매수에 들어가지 않는다. 오히려 그 문제가 기업의 경제적 해자를 약화시키는 치명적인 문제라면 과감히 매수를 접는다. 워런 버핏은 일시적인 문제에 대해서만 관심을 가진다. 발생한 암이 말기라면 아무리 평소에 건강을 유지했다고 하더라도 다시 건강한 상태로 돌아갈 수 있는 가능성은 낮다. 하지만 초기에 발견되었다면 수술만으로도 회복이 가능해 다시 정상적인 건강상태로 복귀가 가능하다. 기업 역시 마찬가지이며 워런 버핏은 이러한 소위 제한된 리스크만 받아들인다.

암 치료를 받느라 돈을 벌지 못했던 것은 치료 후 완쾌되어 다시 예전의 기량을 맘껏 자랑할 수 있다면 워런 버핏 입장에서 아무런 문제가 되지 않는다. 워런 버핏에게 큰 이익을 안겨준 금융업종에 대한 투자는 대부분 이런 제한된 리스크로 인해 주가가 대폭 할인되었을 때 이뤄졌다. 다른 기업들의 경우 최대 내재가치 수준에서 매수하는 경우도 많이 있었다. 중요한 것은 내재가치를 초과하는 가격을 지불하지는 않는다는 것이다.

아무리 좋은 기업이라도 내재가치를 초과해서 가격을 지불한다면 손실을 보게 될 가능성이 높아진다. 주식시장이 단기적으로는 비효율적이라도 장기적으로 효율성을 띠기 때문이다. 결국 주가는 내재가치를 반영할 수밖에 없어 높은 가격에 매수했다면 시간은 더 이상 내 편이 아니다. 만일 주가가 내재가치 이상으로 올랐다면 가급적 내재가치 이상의 가격은 지불하지 않는다는 자세로 기다리면서 다른 저평가 기업을 찾는 것이 현명하다.

버핏은 아메리칸 익스프레스의 경우, 샐러드 오일 사건으로 본업의 경쟁력과 관련 없는 일회성 악재 때문에 주가가 급락했을 때 매수에 들어갔다. 당시 레스토랑을 전전하며 실제 아메리칸 익스프레스 카드의 사용 빈도를 체크해서

본업에 이상이 없음을 확인했다는 일화는 유명하다.

또한 자동차보험회사 가이코의 주식을 처음 매수했을 때 가이코는 파산 직전이었다. 버핏은 비록 가이코가 파산 위기에 있었지만, 온라인 마케팅이라는 구조적 경쟁우위는 훼손되지 않았다고 판단했다. 물론 캐피털시티나 코카콜라처럼 시장에서 이미 어느 정도 인기가 있어서 주가가 높은 상황에서도 과감히 매수에 나선 적도 있지만, 적정 수준의 주주이익에 근거한 내재가치보다 크게 할인된 시기를 활용했다는 점은 다른 사례들과 동일하다.

그렇다면 내재가치보다 저평가된 시기에 과감히 투자하려면 어떻게 해야 할까?

기업이 실적도 잘 내고 좋은 상황에서는 주가가 내재가치를 넘어 프리미엄이 붙게 마련이다. 반대로 주가가 많이 빠지는 상황에서는 악재들이 나오고 실적도 형편없어지는 경우가 대부분이기 때문에 쉽게 매수에 나서기가 어렵다.

결론적으로 시장과 다른 관점을 갖고 있어야 이러한 투자가 가능하다. 시장과 다르게 보는 방법은 두 가지로 나눌 수 있다. 시장이 그 기업에 대해 안 좋게 평가할 때 역발상으로 좋게 보는 것과 시장이 비록 좋게 평가하고 있지만 시장보다 더 좋게 보는 것이다. 결국 미래를 정확히 판단할 수 있느냐의 문제에 부딪치게 된다. 버핏은 이 두 가지 방법에 모두 능했는데, '잘 알고 있는 사업'에 투자했기 때문에 가능한 일이었다. 잘 아는 사업이어야 정확한 미래를 내다볼 수 있는 확률이 높아지기 때문이다.

버핏은 버크셔 해서웨이 투자 실패 이후, 더 이상 방직사업에 자본을 투자하지 않고 지역보험사를 인수하는 데 자본을 배치했다. 여러 손해보험사들을 인수하고 재무적으로도 투자하면서 오랜 시간 동안 보험업에 대한 깊은 지식을 쌓을 수 있었다. 이런 경험들이 더 큰 규모의 보험사들을 성공적으로 인수하는 데 밑바탕이 되었다. 잘 경영되고 있던 지역 소매업체들도 하나 둘 인수하면서 소매업에 대한 지식을 쌓아나갈 수 있었으며, 이후 더욱 성공적인 투자가 가능했다.

단지 내재가치를 측정하고 계산하는 것 이전에 투자대상 사업에 대해 지식을 쌓는 것이 중요한 이유이다. 직접 그 사업을 경험해볼 수 있다면 더할 나위 없겠지만, 그렇지 않더라도 지속적으로 정보를 얻고 공부해나가야 한다.[6] 오랜 시간을 두고 정보를 얻고 판단하는 과정을 통해 투자 대상 사업에 대한 분석을 충분히 해야 한다. 지난한 과정이겠지만, 그런 과정 속에서 내재가치 대비 크게 할인된 시기에 과감히 매수할 수 있는 기회를 잡을 수 있다.

● 수익을 극대화하는 매도 기준과 시기

"10년을 보유할 주식이 아니면 1초도 보유하지 말라", "내가 좋아하는 보유 기간은 영원이다" 등등 워런 버핏은 상당히 장기간 보유하는 것으로 유명하다. 이에 따라 워런 버핏을 추종하는 투자자들은 장기 보유할 주식을 고르는 데 여념이 없다. 그러나 워런 버핏의 장기투자 철학은 버크셔가 통째로 인수한 기업들과 주식시장에서 일부 지분을 확보한 기업들로 나눠서 생각할 필요가 있다. 물론 워런 버핏은 통째로 인수한 기업이나 주식시장에서 일부 지분을 확보한 기업이나 동일한 잣대로 바라본다고 언급한다.

워런 버핏이 언제 매도한다는 원칙을 구체적으로 밝힌 적은 없다. 1987년 주주편지에서 워런 버핏은 주식을 매수할 때 매도 시기나 매도가격을 염두에 두지는 않으며 내재가치가 만족스러운 수준으로 증가할 것이라고 예상되는 한 보유한다고 언급했다. 1987년 주주편지에서 언급한 워런 버핏의 주식 보유 조건을 좀 더 살펴보자.

1) 향후 투자자본에 대한 이익이 만족스러워야 한다.
2) 경영진들은 능력 있고 정직해야 한다.
3) 시장이 그 기업의 주가를 과도하게 평가하지 않아야 한다.

이 중 경영진 관련 요건은 주식시장에서 매수한 주식을 영구보유 대상으로 삼는 데 중요한 요소가 된다.

1987년 워런 버핏은 그동안 주식시장에서 매수해 보유하고 있던 주식 가운데 세 종목을 제외하고 모두 매도한다. 세 종목은 바로 캐피털 시티즈Capital Cities, 가이코GEICO 그리고 워싱턴 포스트The Washington Post다. 그런데 이들을 영구보유 대상으로 삼게 된 가장 중요한 이유로 경영진의 능력을 들고 있다.

워런 버핏이 언급하는 경영진의 능력은 단지 사업 능력만 언급하는 것이 아니다. 자본의 재배치와 관련된 투자능력을 중요하게 생각한다. 물론 대부분의 경영진들이 투자를 제외한 나머지 분야에서 발휘한 능력을 인정받아 경영진으로 진급했기 때문에 투자 관련 능력이 떨어지는 것은 어쩔 수 없다고 보고 있다. 워런 버핏은 이를 두고 마치 오케스트라를 지휘하던 지휘자가 연방준비제도이사회FRB의 의장으로 자리를 옮기는 것과 마찬가지라고 표현한다.

경영진의 투자능력은 그 기업의 가치를 결정하는 데 있어 상당히 중요하다. 워런 버핏이 통째로 인수한 기업들의 경우 경영진들이 별도의 투자능력이 없더라도 워런 버핏과 멍거가 있어 고민하지 않아도 된다. 때문에 통째로 인수한 기업들은 자연스럽게 영구보유 대상이 된다. 그러나 일부 지분만 보유하고 있는 기업들은 기업에 내부 유보되는 자금에 대해 워런 버핏과 찰리 멍거가 영향을 미칠 수 없다. 만일 경영진의 투자능력이 형편없다면 향후 기업가치를 떨어뜨릴 수 있는 요소가 된다. 예를 들어 10%의 자본효율이 6년간 유지될 경우 6년 후 쌓이는 자본은 기존 자본의 70%가 넘는 수준으로 증가하게 된다. 이런 규모의 자본을 제대로 배치하지 못한다면 기업가치는 상당부분 훼손되고 말 것이다.

워런 버핏은 영구보유 대상인 세 기업의 경영진들의 투자능력에 대해 상당히 신뢰하고 있다고 언급한다. 워런 버핏은 세 가지 보유 조건에 정확히 맞아떨어지는 기업들에 한해 영구보유 대상으로 삼는 것이다.

물론 경영진의 투자능력이 떨어진다고 워런 버핏이 주식을 매수하지 않는 것은 아니다. 영구보유 대상이 아닐 뿐이다. 주식시장은 비록 경영진의 투자능력이 떨어진다 해도 좋은 기업을 말도 안 되는 가격에 살 수 있는 기회를 제공한다. 워런 버핏은 현실적으로 이런 부분을 감안하여 시장을 통해 주식을 매수하며 적정한 가격에 매도한다. 물론 영구보유할 수 있는 기업을 주식시장에서 찾을 수 있다면 더할 나위 없이 좋을 것이다.

따라서 워런 버핏이 항상 영구보유 대상 기업에만 투자한다고 생각하는 것은 오해일 뿐이다. 그런 오해에 따라 투자자 자신의 투자 기준을 피상적으로 한정 짓는 것은 바람직하지 않다.

워런 버핏의 세 가지 보유 조건을 바꿔 말하면 이 조건들이 만족되지 않을 때는 보유 주식을 매도할 수 있다는 말이다. 다시 말해 만족할 만한 자본효율이 기대되지 않는다거나, 경영진이 주주 입장에서 의사판단을 내리지 않거나, 주식시장이 해당 주식을 과대평가할 때가 바로 매도 시점이 될 수 있을 것이다.

그렇다면 주식시장이 주식을 얼마나 과대평가해야 매도 시점이 될 수 있을까? 애석하게도 정답은 없다. 가상의 기업 A의 내재가치가 성장하는 모습을 보면서 함께 생각해보자.

(단위 : 억 원)	현재	1년 후	2년 후	3년 후	4년 후	5년 후
주주이익	130	150	173	198	228	262
자본총액	1,000	1,150	1,323	1,521	1,749	2,011
자본효율	15%	15%	15%	15%	15%	15%
할인율	9%					
적정 PBR	1.67					
내재가치	1,667	1,917	2,204	2,535	2,915	3,352
매수가격	1,000					

기업 A의 유지 가능한 자본효율은 15%이고 현재 자본총액 1,000억 원이라고 가정했다. 적정할인율을 9%로 가정하면 적정 PBR은 1.67배가 계산되고 현재 시점의 내재가치는 1,667억 원이다. 1,000억 원에 매수했으니까 내재가치 대비 40% 할인된 가격에 매수한 것이다.

만일 현재 시가총액이 1,667억 원이 되었다고 가정해보자. 66.7% 수익률을 거두었으니까 매도해야 할까? 그러나 향후 1년 동안 기업 A는 자본의 15%를 이익으로 벌어들일 것이고, 1년 후면 벌어들일 이익을 고려해서 내재가치는 1,917억 원이 될 것이다. 다음 해에도 마찬가지로 내재가치는 2,204억 원이 될 것이고 내재가치는 자본효율만큼 계속 증가하게 될 것이다.

그렇다면 1,000억 원에 매수한 상황에서 1,667억 원의 가격이 왔다고 해서 매도해서는 안 된다. 만일 기회비용이 15%를 넘는다면 매도하고 갈아타는 것이 합리적이지만 그렇지 않을 경우 연간 15%의 이익을 포기하게 되는 것이다. 내재가치는 지속적으로 15%씩 늘어나는 상황에서 현재 기준의 내재가치에 도달했다고 매도하는 것은 향후 내재가치의 성장을 누리지 못하는 것과 같다. 앞서 언급한 워런 버핏의 보유기준을 만족한다면 계속 보유하는 것이 상대적으로 이익이다. 이렇게 시간이 흐를수록 내재가치가 늘어나는 기업을 바로 스노우볼Snowball 기업이라고 말한다. (워런 버핏이 언급한 개념으로 눈덩이가 구를수록 커지는 것 같이 경제적 해자로 인해 시간이 지날수록 그 가치가 복리로 커지는 기업을 말한다.)

기업 A의 경우는 이익을 100% 내부 유보하는데 유보하는 이익 또한 15%의 효율로 계속 늘어난다고 가정하고 있다. 핵심사업에서 발생하는 이익을 최소한 동일한 효율로 재투자할 수 있다는 것은 경영진의 투자능력이 뛰어나다는 것을 말해준다. 이들이 진정한 스노우볼 기업으로 영구보유할 만하다.

그러나 만약 주식시장이 지나치게 과대평가하여 시가총액이 3,352억 원을 넘는다면 매도하는 것이 바람직할 것이다. 현재 시가총액에 내재가치가 다다르기까지 5년이 지나야 하는데, 5년 동안의 가치가 반영된 가격이라면 5년 안에 현재 주가는 내재가치 수준으로 조정될 가능성이 크기 때문이다. 물론 기업 A가 강력한 사업구조를 가지고 있는데다 탁월한 경영진까지 갖췄다면 워런 버핏처럼 주가 수준에 관계없이 영구보유 대상으로 삼을 수 있을 것이다. 그러나 개인적으로는 아무리 영구보유 대상 종목이라 하더라도 현실적으로 4~5년 후의 내재가치가 선반영된 가격이라면 매도한 뒤 싸고 좋은 다른 기업에 투자하는 것이 더 낫다고 생각한다.

7 실전! 내재가치 평가

> 기업가치 평가는 예술에 가깝다.
> Valuation is an art.
>
> — 워런 버핏, 1999년 주주총회

이번 장에서는 실전에서 버핏의 내재가치 평가방법을 적용할 때 고려해야 할 이슈들에 대해 다뤄볼 것이다.

● 비즈니스 모델별 성장률의 가정

버핏의 내재가치 평가방법을 실제 적용하는 데 가장 어려움을 느끼게 되는 부분이 '성장률'에 대한 것이다. 2단계나 3단계 성장률 모델을 적용하더라도 결국 가정하는 성장률에 따라 산출되는 기업가치의 차이는 상당히 크기 때문이다. 일반적으로 DCF(현금흐름할인방법)를 투자업계 일선에서 기피하는 이유이기도 하다. 하지만 성장률에 대한 가정은 내재가치 계산방법에서 살펴본 대로 결국 이익이나 순자산의 적정 배수(PER, PBR)에 대한 가정이기도 하다. 적정 PER을 10배를 주느냐 15배를 주느냐라는 논의는 7%의 무위험수익률 가정 하에 주주이익의 장기 성장률을 인플레이션보다 낮은 수준으로 가정하느냐 인플레이션 수준으로 가정하느냐의 논의와 같기 때문이다.

앞서 1983년 주주편지에서 버핏이 기업의 경제적 해자를 '소비자독점기업, 규제 없는 정부독점기업, 저비용 기업'으로 구분했다고 언급한 바 있다. 또한 이런 경제적 해자들은 모두 인플레이션을 이겨내는 원동력이 된다고 설명한 바 있다. 버핏의 사업모델에 대한 통찰은 정확한 내재가치를 판단하는 기반으로 작용한 다는 데 주목할 필요가 있다. 최소한 물가상승 수준을 이겨낼 수 있는 사업이라면 무위험수익률(장기 국채 수익률)에 의한 할인으로 합리적인 수준의 내재가치를 추정할 수 있기 때문이다.

그렇다면 경제적 해자를 갖춘 기업들의 경우, '적정 성장률'은 얼마로 해야 할까? 기업가치평가는 예술에 가깝다는 버핏의 말을 굳이 빌리지 않더라도 정확한 해답은 없다. 다만 버핏의 행동을 통해 추론해볼 수 있을 뿐이다. 버핏이 기업인수나 주식매수 전에 해당 기업의 과거 10년 치 재무제표를 살펴본다는 데서 힌트를 얻을 수 있다.

버핏은 기업의 과거 모습을 파악하는 것을 중요하게 생각한다. 2011년 IBM 주식을 매수했을 당시, 그는 CNBC 인터뷰에서 IBM의 과거 50년 동안의 사업보고서를 꼼꼼히 읽어봤다고 언급했다.[7] 버핏은 기업이나 산업이 명확하지는 않지만 업황의 사이클이 있다고 보고 있다. 경영학에서 일반적으로 언급되는 기업의 S자 성장곡선과 비슷한 데, 이런 사이클을 무시한 애널리스트들의 실적 추정에 대해 버핏과 멍거는 상당히 회의적인 시각을 드러내곤 한다.[8]

장기간의 과거 수치를 분석하면, 사업의 사이클을 파악할 수 있을 뿐만 아니라 과거 수년 동안의 주주이익 성장 추세를 파악해볼 수도 있다. 그 동안 보여준 장기적인 성장률을 계산해서 물가상승률과 비교해보면 그 사업의 주주이익이 최소한 인플레이션 이상의 성장을 보여 왔는지 대략적으로 체크해볼 수 있다. 물론 과거의 추세만으로 기업이나 산업의 미래를 단순하게 생각해서는 안 된다. 결국 기업의 내재가치는 미래와 관련이 크기 때문이다. 다만 변화가 크지 않은 산업이라면 과거의 추세가 유지된다는 전제 하에 최소한의 적정한 내재가치를 추정해볼 수 있다.

　인플레이션을 초과해서 얼마나 더 큰 성장을 할 수 있느냐 여부는 파악하기가 쉽지 않다. 또한 그런 부분을 장기성장률로 무턱대고 가정한다면 상대적으로 높은 주가에 주식을 매수하게 되어 하락장에서 상당한 평가손실을 피하기 어렵게 될 수도 있다.[9] 때문에 시나리오별 접근 방식이 중요하며 각각의 가능한 상황과 추정된 내재가치의 범위 속에서 생각할 필요가 있다.

　인플레이션을 구조적으로 이기기 어려운 사업에 대해서도 의미 있는 힌트를 얻을 수 있다. 과거 재무제표 수치를 통해 이익을 지켜낼 수 있는 특별한 해자가 없어 보이는 기업의 경우, 무위험이자율로 할인한 배수를 초과해서 기업가치를 평가 받기가 어렵다. 실제 시장에서 주로 사이클이 확실한 산업의 부품이나 장비업체들이 높은 배수를 인정받지 못하는 것이 좋은 예이다.

　기업가치 평가에서 가정하는 '성장률'은 매출을 확대하기 위한 추가 자본 투입이 가정되지 않은 '성장률'을 의미한다. 일반적인 제조업의 경우 매출을 증대시키기 위해서는 추가 자본이 투입되어야 한다. 자본이 추가로 투입되어 CAPA가 늘어나서 매출이 성장하는 경우, 창출되는 주주이익의 가치 자체가 변하는 것은 아니다.

　하지만 경쟁력 있는 제조기업이 좋은 시기를 맞아 CAPA를 확장하는 상황에서 성장이 기대된다면, 투자가 진행되는 과정에서 주식을 매수해야 할 것이다. 증가된 CAPA에 따른 주주이익의 확대만큼 기업가치는 증가하고 주가는 그에 따라 상승할 가능성이 높기 때문이다.

　기업을 전문적으로 분석하는 애널리스트들의 보고서를 보면, 어떤 기업의 가치를 평가할 때 동일한 산업 내 1위 기업의 PER이나 PBR을 반영하는 경우가 많다. 선도기업에 대한 시장참여자들의 평가가 유사한 사업구조와 산업에 속해 있는 기업이라면 후발업체들에도 적용되어야 한다는 논리이다. 즉 같은 산업적 환경에 속해 있어서 미래 '성장률'이 엇비슷할 것이기 때문에 적용 배수에 괴리가 있다면 조정해줘야 한다는 말이다.

하지만 창출되는 주주이익은 산업환경이라는 외부적 요인뿐만 아니라 비용절감 능력과 같은 기업 내부적인 요인도 상당히 크게 작용한다. 따라서 산업의 미래 성장성과 개별기업의 펀더멘털에 대한 고민 없이 동일산업에 속해 있다는 이유만으로 유사한 배수를 적용해야 한다고 가정한다면, 시간이 지나면서 시장참여자들이 그 차이를 자각하게 되면서 투자성과가 좋지 않을 수 있다. 어떤 산업이나 기업에 대해 시장참여자들이 가정하는 성장률은 때때로 거품과 광기의 결과인 경우도 많다는 점을 염두에 둘 필요가 있다. 비즈니스 모델이나 산업에 대해 면밀하게 분석하지 않고 시장에서 가정하는 성장률이 반영된 주가를 그대로 받아들이게 되면, 실적이 기대에 미치지 못하거나 사업모델이 구조적 한계를 드러낼 때 투자자는 낭패를 면치 못하게 될 수도 있다.

● 안전마진과 내재가치평가

> 그레이엄 가치투자의 안전마진 수칙은 영원할 것이다.
> – 찰리 멍거, 웨스코 연례 주주총회, 2003

'안전마진Margin of Safety'은 버핏의 가치평가방법을 투자에 적용할 때 반드시 함께 고려되어야 할 중요한 개념이다. 정확한 값을 측정하는 것보다 대략적으로나마 저평가 상태인지 고평가 상태인지를 파악하는 것이 실제 투자 현실에서 더 의미가 있기 때문이다.

간단히 '현재 주가와 내재가치의 차이'로 정의할 수 있는 안전마진은 투자판단이 틀릴 경우 원금을 보호해주는 안전판 역할을 한다. 버핏은 투자의 리스크를 주가의 변동성보

안전마진 | 주가의 적정가치와 매수가격의 차이를 말한다. 싸게 살수록 적정가치와의 차이가 커진다. 안전마진이 클수록 투자판단 실수로 인해 적정가치를 잘못 판단했다 하더라도 손실을 볼 수 있는 가능성이 낮아진다.

다 원금의 '영구적인 손실 가능성'으로 보기 때문에, '안전마진'의 개념은 버핏의 투자철학에서 중요한 축을 차지하고 있다. 버핏은 자신이 투자에서 장기적으로 성공할 수 있었던 것도 남들보다 높은 수익을 내기보다 남들이 손실을 낼 때 상대적으로 방어가 잘 되었기 때문이라고 공개석상에서 종종 언급하곤 한다.[10]

개인적으로 어떤 사업이 '정확히 몇 배'의 사업인지를 계산해내는 것은 큰 의미가 없다고 본다. 그보다는 '최소한 몇 배'는 되어야 한다의 개념으로 접근하는 것이 현실적으로 더 유용하다. 그래야 현재 수준 대비 안전마진이 확보되어 있는지 확신할 수 있기 때문이다. 시장은 결코 자의적인 판단을 인정해주지 않는다. 해당 기업이 실제 예측한 방향으로 성장하는 모습을 보여줘야 하며, 그에 따라 시장은 적정 수준의 가치를 인정해준다.

사업의 펀더멘털에 근거해서 '최소한'으로 인정받아야 할 내재가치를 구했다면 현재 주가와 비교해서 안전마진의 크기가 큰지를 파악해야 한다. 나름대로 합리적인 근거에 의해 추정한 '최소한의 기준'이 충족되지 못하는 상황이 항상 발생할 수 있기 때문에 충분한 안전마진을 확보하는 것이 중요하다. 물론 최소한으로 인정받을 수 있는 내재가치를 계산하는 과정에는 주주이익의 추정과 배수(성장률)의 추정 모두를 포함한다.

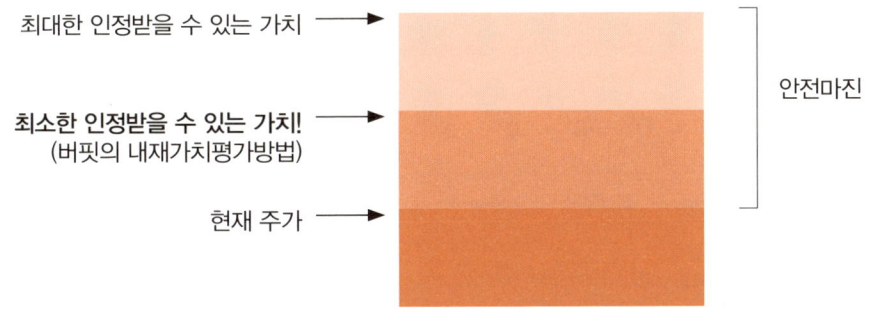

내재가치 평가방법의 실전적 적용

저PER 전략이 통하는 이유

여러 가치투자 서적들을 보면, 저PER이나 저PBR 방식의 투자 성과가 장기적으로 우수한 결과를 나타낸 차트들이 실려 있는 것을 확인할 수 있다. 가치투자의 당위성을 과거 수치를 통해 실증해낸 결과들인데, 버핏의 내재가치 평가방법을 통해 그 이유를 알 수 있다.

전통적인 가치투자라고 알려져 있는 방식은 시장에서 관심이 없어 저평가된 기업들의 주식에 투자하는 전략을 말한다. 시장에서 관심이 없어졌다는 말은 그 기업이나 산업의 성장성이 떨어져 투자자들의 관심을 받지 못한다는 말이다. 즉 할인율을 계산할 때 장기 성장률에 대한 가정이 상당히 낮아져 기업가치를 평가할 때 적용하는 배수가 낮아진 상태를 의미한다. 만일 이런 기업들이 의외로 좋은 실적을 내는 모습을 보이면서 과거에 비해 긍정적인 미래를 그려볼 수 있게

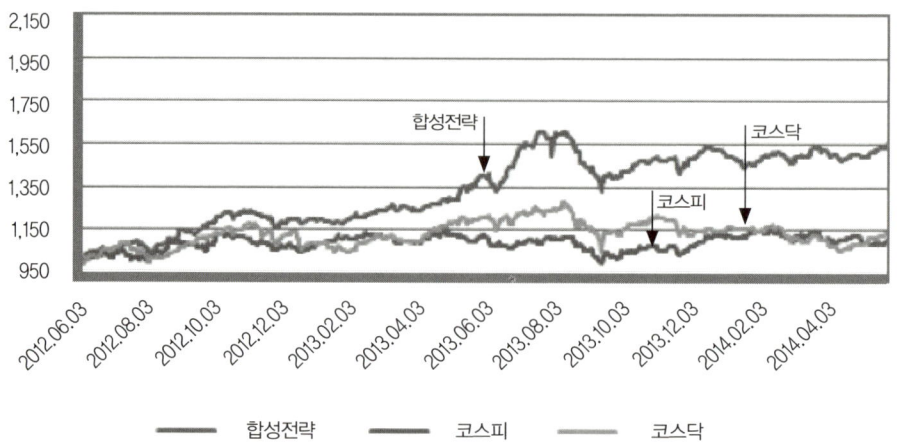

자료 : 아이투자 퀀트 투자클럽
저PER+저PBR 합성 투자전략

되면, 투자자들은 '성장률'에 대한 가정을 바꾸게 되고 배수는 올라가는 효과가 나타난다. 물론 펀더멘틀이 더욱 악화된다면 기업가치 하락을 피할 수는 없다. 다만 이미 성장 정체로 저평가받고 있는 상황에서 더 악화될 확률이 일반적으로 낮기 때문에, 주가 하락의 리스크는 그만큼 작다고 볼 수 있다.

과거 2000년대, 초반 이렇게 절대적인 저평가 상태에 있던 주식들이 한국 주식시장에는 많았다. 소위 '물 반 고기 반'의 상황이었는데, 이 시기에 버핏도 한국 주식을 대거 매수한 바 있다. 그러나 한국 주식시장도 성숙되고 글로벌 저금리의 영향으로 꾸준히 장기 성장을 보여준 기업들이 지속적으로 재평가를 받게 되었다. 때문에 투자대상으로 삼을 만한 '경제적 해자'를 갖춘 기업들이 절대적으로 싸게 거래되는 경우가 드물어졌다.

물론 향후 글로벌 금융시스템에 대한 공포가 한국 주식시장을 혼란에 빠뜨려 절대적으로 저평가된 기업들이 허다한 상황으로 복귀할 수도 있다. 하지만 그렇더라도 이미 저성장의 시기로 돌입하고 있는 한국경제와 글로벌 경제를 고려할 때, 과거와 같이 높은 장기 금리 시대를 가정하기는 쉽지 않아 보인다. 할인율 자체가 의미 있게 증가하면서 자산가치가 절대적 저평가 상태에 놓이는 상황이 장기화될 확률은 낮아 보인다는 말이다. 사업에 대한 통찰과 그에 따른 적정 수준의 내재가치 추정이 한국 주식투자자들에게 갈수록 중요해질 수밖에 없는 이유이다.

버핏의 투자방식은 '상대적 저PER 전략'이라고 말할 수 있다. 누가 봐도 싸다고 판단할 수밖에 없는 절대적으로 저평가된 주식에만 투자하는 '저PER 전략'과 다르게 기업의 펀더멘틀 대비 저평가된 주식에만 투자하는 방식이라고 정의할 수 있다.

한국의 산업구조와 버핏 투자

"한국에도 버핏 투자방법이 잘 맞나요?"

버핏을 이야기할 때 가장 많이 접하는 질문이다. 한국은 대외 경제 변수의 영향을 크게 받는 산업의 비중이 크기 때문에 안정적으로 성장하는 기업들의 비중이 작아 이런 질문이 늘 나오게 마련이다.

실제로 국내 주식시장에서 대외변수의 영향이 큰 IT, 자동차, 산업재 등의 시가총액 비중은 50.9%에 달한다.[11] 한국은 상대적으로 내수 소비시장이 작은데다 글로벌 소비시장에서 두각을 나타내는 소매기업의 수가 적어 이런 지적은 어느 정도 타당하다.

그러나 버핏의 통찰은 국내 기업들의 내재가치를 추정하는 데 상당한 도움이 된다. 대외 환경의 영향을 크게 받는 산업은 보통 장기적으로 인플레이션을 뛰어넘는 수준의 성장률을 가정하기 어렵다. 대기업과 여러 부품, 소재 기업들이 일종의 클러스터를 구성하는 국내 산업의 특성상 개별 기업들이 가격결정 능력을 보유하기가 쉽지 않다. 생산방식의 혁신을 통해 특유의 저비용구조의 경제적 해자를 구축하는 경우가 간혹 있지만, 국내 대기업 매출 비중이 높은 경우 기업 간 헤게모니에 의해 창출되는 부가가치가 대기업으로 이전되는 경우가 많다. 따라서 이런 기업들의 내재가치를 계산할 때, 무위험수익률보다 낮은 수준의 할인율(높은 배수)을 가정하기가 어렵다고 결론지을 수 있다.

물론 저금리 상황과 함께 이런 산업들도 지속적으로 재평가되는 상황에 있다. 그러나 최근의 글로벌 경기침체로 인해 투자자들은 대외 변수의 영향을 많이 받는 산업의 성장성에 의문을 갖게 되었다. 따라서 무위험수익률의 꾸준한 하향에도 불구하고 장기적으로 주가는 맥을 못 추는 상황에 있는 것으로 보인다.

버핏 투자방식의 핵심은 '잘 아는 사업'에 대한 '집중투자'이다. 수천억 원에서 수조 원에 달하는 펀드의 경우 국내 주식시장에서 경제적 해자가 뚜렷해서 지속 성장이 가능한 기업들만으로는, 펀드자금의 유입과 유출이 자유로운 환경 탓에 원활한 운용이 어려울 수 있다. 그러나 그보다 훨씬 작은 규모로 투자하는 개인 투자자들로서는 '집중투자'를 전제로 한다면 위에서 언급된 국내 산업환경은 큰 문제가 되지 않을 수 있다. 오히려 실적 변동성이 큰 탓에 밀착해서 실적 체크를 하지 않으면 큰 손실로 이어질 수 있는 리스크에서 벗어날 수도 있다. 다만 변동이 크지 않은 산업이라도 전체 주식시장이나 글로벌 금융시장의 변동성에는 노출되어 있기 때문에, 필연적인 주가 하락 구간을 버텨내려면 투자기업의 펀더멘털에 대한 강한 확신이 있어야 한다.

2011년 중국 발 수요 증가로 촉발된 소위 '차화정' 시장 장세와 같은 상황이 다시 한국에 재현된다면 버핏의 투자철학을 따르는 투자자들은 상대적 소외감으로 심리적 압박을 크게 받을 수 있다. 물론 강세를 보였던 산업에 대한 지식 수준이 높고 그 안에서 경제적 해자를 갖춘 기업을 선별할 수 있는 투자자라면 오히려 기회가 되었을 수도 있다. 그러나 자신의 능력범위 circle of competence를 벗어난 산업에 호재가 왔다면 관심을 갖지 않는 것이 장기적으로 바람직하다. 남들과의 비교는 상대적 불행을 느끼게 되고 그런 심리적 상태는 감정적인 판단으로 이어지게 마련이다. 투자에서 감정적인 판단은 필패를 부를 뿐이다. 이성에 근거한 '합리적 판단'이 투자에서 가장 중요하다는 점을 고려할 때, 투자에서 장기적인 성공을 추구한다면 감정적으로 치우칠 수 있는 상황에서 벗어나도록 노력해야 한다. 버핏과 멍거는 이 부분에서 타의 추종을 불허하며, 우리가 이들에게서 배워야 할 가장 핵심적인 부분이기도 하다.

금리 인상 시기의 내재가치평가

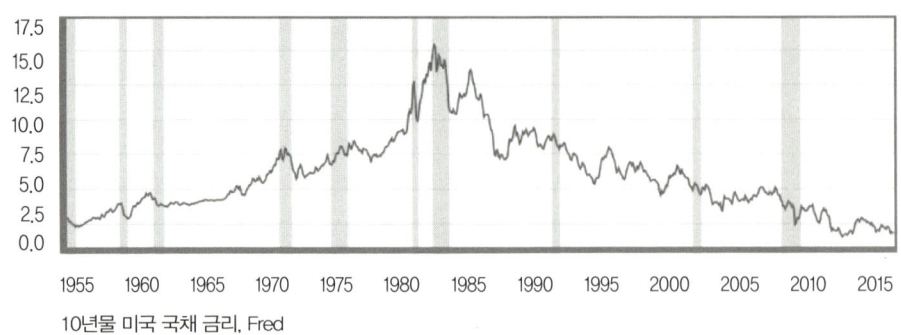

10년물 미국 국채 금리, Fred

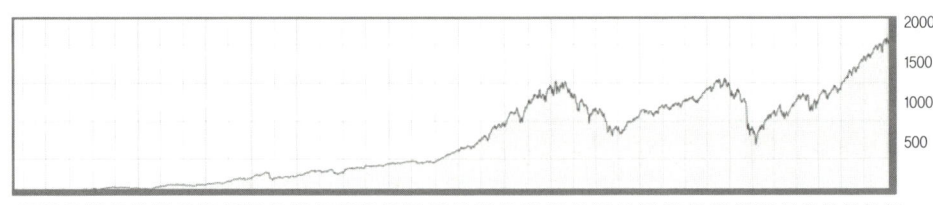

S&P 500지수, 구글

이론적으로 금리가 올라가면 무위험수익률의 증가로 할인율이 올라가서(배수가 내려감) 자산가격은 하락 압력을 받는다. 때문에 금리가 상승하는 시기에는 약세장을 예상하기 쉬우며, 역사적으로도 확인하기가 어렵지 않다.

역사적으로 유의미하게 금리가 올라갔던 시기는 1960~1980년대 석유파동 시기였다. 10년물 미국 국채 기준으로 1960년대 말 5% 수준이었으나 1981년에는 15%까지 약 3배가 올랐다. 그러나 표면적으로는 장기적인 금리 상승에도 불구하고 주가는 오히려 꾸준히 증가하는 모습을 보여줬다. 1967년 1월 90.20이던 S&P 500 지수는 1981년 10월 122.55를 기록했다.

같은 기간 미국 GDP가 8,460억 달러에서 3조 2,835억 달러로 4배 가까이 성장한 것을 감안하면, 14년간 35.8%의 상승폭은 미미한 수준이었음을 알 수 있다. 장기간 경제 성장률이 자산가격에 반영되는 것을 상쇄해준 요소가 장기적인 금리 상승으로 판단되는 대목이다.

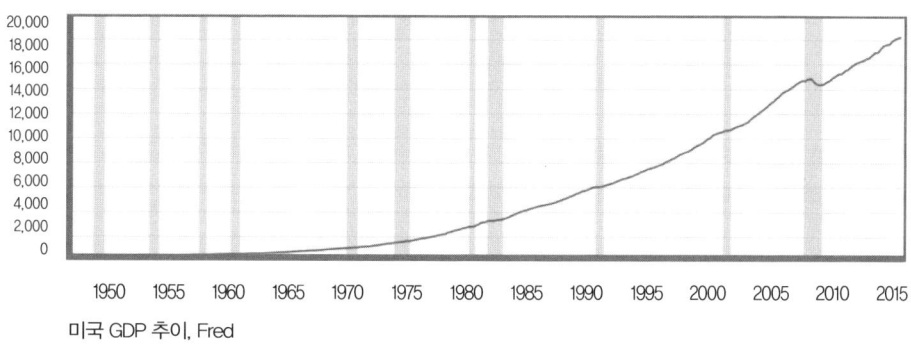
미국 GDP 추이, Fred

2008년 금융위기 이후 약 6년간, 금리 인하와 양적 완화를 통해 글로벌 자산가격은 회복구간에 있었다. 2015년 말부터 시작된 금리인상은 글로벌 자산가격에 하락 압력을 주고 있는 것으로 보이는데, 미 연준 관련 인물들은 향후 2~3년간 점진적인 인상으로 기준금리가 2%대를 회복할 것으로 예상하고 있다.[12] 이런 금리 인상 추세는 국내 금리에도 영향을 미칠 것으로 예상된다. 물론 금리는 한 나라 경제의 성장률과도 관계가 있기 때문에 고성장을 다시 보여주지 않는 한, 과거와 같은 높은 수준으로 회복할 가능성은 낮다.

버핏은 장기 국채 수익률을 무위험수익률로 보고 있지만 그렇다고 2~3% 수준을 그대로 받아들이지는 않는다고 언급한 바 있다. 즉 일정한 수준으로 자신만의 허들을 가정함으로써 시장의 변동성에 대해 나름대로의 안전판을 확보하는 것으로 판단된다. 이런 버핏의 전략이 현실적인 대비가 될 수 있다고 본다.

예를 들어 5%로 하한선을 정한다고 가정해보자. 5%로 가정한다는 것은 인플레이션 수준의 성장이 가능한 사업의 이익에 대한 적정 배수를 20배로 가정하는 것이다. 장기 금리가 2% 이하로 낮아져 시장에서 해당 사업을 20배 이상의 사업으로 인정해준다 해도, 그런 시장의 평가를 그대로 받아들이지 않는 것을 의미한다. 즉 20배 넘게 시장에서 거래되고 있다면 아무리 좋아 보여도 매수하지 않아야 한다. 이렇게 나름대로의 하한선을 갖고 있으면 향후 금리가 인상되더라도 자산가치 하락의 영향에서 어느 정도 자유로울 수 있다.

버핏 가치평가방법의 한계

기업의 경쟁우위를 의미하는 '경제적 해자'에 대한 버핏의 정의는 주주이익의 성장을 전제로 하고 있다. 앞서 언급했듯이 '경제적 해자'는 기업 현실에서 필연적인 경쟁에 의한 이익의 감소를 막아주는 브랜드나 저비용구조와 같은 무형자산을 의미한다. 그러나 2000년대 이후 경제적 해자를 갖춰 경쟁기업들로부터 고객을 빼앗아오기는 하지만 이익의 보호가 목적이 아닌 기업들이 등장하기 시작했다.

아마존, 넷플릭스, 페이스북, 테슬라와 같은 기업들이 좋은 예인데, 때로 경제적 해자로 창출되는 이익마저 소비자에게 이전함으로써 경쟁자들이 도저히 따라올 수 없는 수준의 비용구조를 구축하곤 한다. 경쟁사로부터 시장을 빼앗아오기 때문에 매출은 끊임없이 성장하지만 이익은 성장하지 않을 뿐만 아니라 심지어 아마존은 혁신적인 비용구조를 유지하기 위한 자본지출로 적자를 감수하기도 한다.

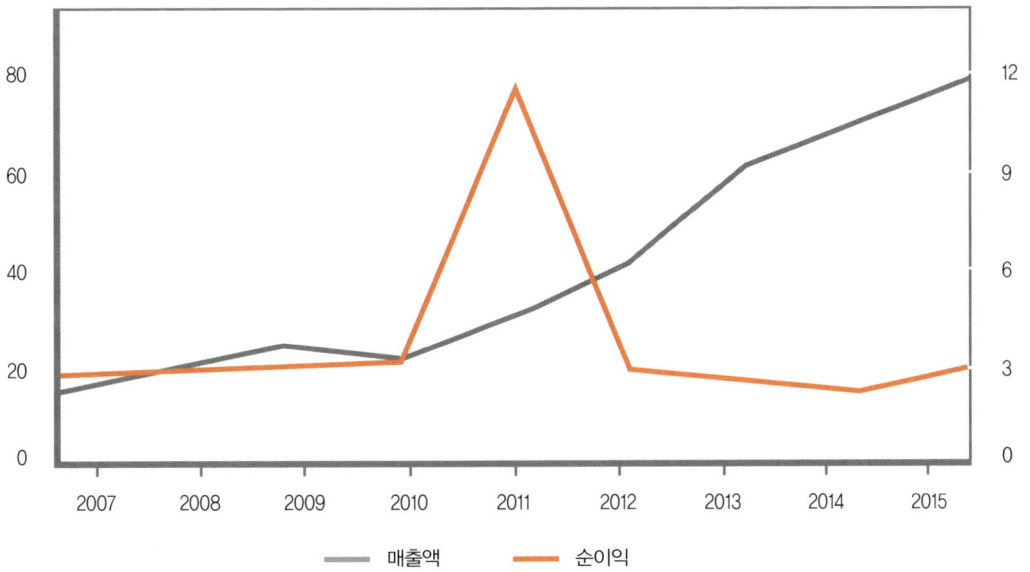

아마존 매출(좌), 순이익(우) 추이, 단위 : 10억 달러

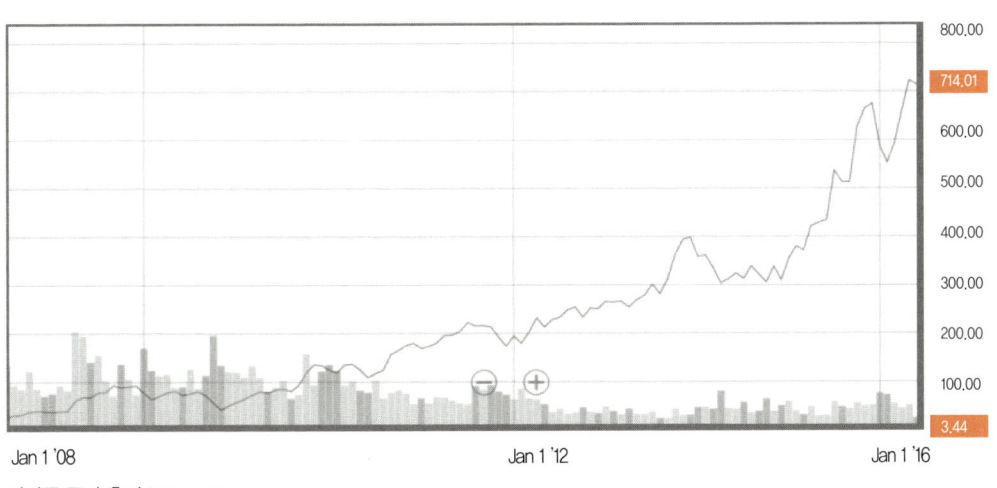

아마존 주가 추이, Yahoo Finance

1990년대 말 인터넷 산업의 버블 과정을 거치면서 끝까지 살아남아 경쟁의 과실을 모두 누리게 된 기업들의 역사는, 이후 또 다른 플랫폼 사업을 펼치는 기업가들과 투자자들에게 깊은 인상을 주었다. 당장의 이익을 추구하기보다 경쟁에서 최종적인 승자가 되면, 시장을 석권하면서 자연독점을 하게 되어 막대한 이익이 약속되기 때문이다. 이런 기업들의 출현으로 인해 투자자들은 당장 이익을 창출하지는 못하지만 강력한 경쟁우위를 가진 플랫폼 기업들의 내재가치를 판단해야 할 필요를 느끼게 되었다. 이용자들이 많이 사용할수록 가치가 증가하기 때문에, 당장 창출하는 이익이 없더라도 투자자들은 대략적으로 이용자당 가치를 통해 내재가치를 추정하기 시작했다. 그러나 경쟁이 종료된 이후 실제 그 가치에 상응하는 이익을 거두게 될지는 사실 미지수다.

당장의 이익을 확인할 수 없고 경쟁이 어느 정도 종료될 때까지도 이익을 추정하기 어려운 사업들에 대해서는 버핏의 기업가치평가방법을 적용하기가 어렵다. 하지만 이런 기업들은 실생활에서 꼭 필요한 서비스를 제공하는 경우가 많고, 경쟁우위가 확고해서 기존의 강자들을 어려움에 빠뜨리는 경우가 많아 투자대상에서 막연히 제외하기가 쉽지 않다. 아마존의 부상으로 월마트가 고전하고 있는 것이 대표적인 사례이다. 또한 강력한 경제적 해자를 갖췄다고 판단하고 투자한 기업이라도 파괴적인 경쟁자가 등장해 투자자들을 어리둥절하게 만들곤 한다. 때문에 이런 기업들을 분석대상에서 배제하기도 어렵다.

2016년 5월 버크셔 해서웨이 주주총회에서 버핏은 아마존에 대해 혀를 내두른 바 있다. 버핏의 생각보다 아마존의 혁신은 훨씬 강했고 파괴적이었기 때문이다. 2003년에 아마존의 전환사채를 소규모로 인수하기도 했었지만, 아마존의 지분을 매수한 적은 없었다. 버핏의 기준에서 적정한 수준의 내재가치를 평가하기가 어려웠기 때문이라고 판단된다. 내재가치 추정이 어려운 사업에 대해 보통 버핏은 전환사채나 전환상환우선주의 형태로 투자하는 모습을 보여주는데, 아마존도 마찬가지였다. 버핏은 아마존보다 기존 소매업의 절대 강자인 월마트의 주식을 매수했으나 큰 수익을 내지는 못했고, 2015년에는 비중을 줄였다.

    글로벌 시장은 끊임없이 연결되어 왔고 앞으로 그 속도와 정도는 더 빨라지고 거세질 것이다. 그런 과정에서 파괴적인 혁신으로 무장된 기업들은 전보다 더욱 강력한 모습으로 등장할 가능성이 높다. 이런 기업들에 대한 가치평가는 버핏 내재가치 평가방법을 추종하는 투자자들에게 새로운 숙제가 아닐까 싶다.

한국 기업 적용 5가지 사례 분석

이번 장에서는 한국 기업들의 사례를 통해 버핏의 내재가치 평가방법을 실제로 적용해 보고자 한다. 모든 불확실성이 해소된 현시점에서 과거의 사례를 드는 것은 결과론적인 이야기가 될 수도 있어 주의가 필요하다. 그럼에도 불구하고 투자는 단순한 이론이 아니라 실전이기 때문에 실전적 적용의 예를 살펴보는 것은 버핏의 가치평가방법을 제대로 이해하는 데 큰 도움이 될 것이다.

여기서 언급되는 기업들은 단지 사례로 들기에 적합하다는 이유로 선정되었다. 현재 저자가 매수를 추천하거나 현시점에서 아래 기업들의 미래를 긍정적으로 보고 있다는 의미는 아님을 일러둔다.

코웨이 (021240)

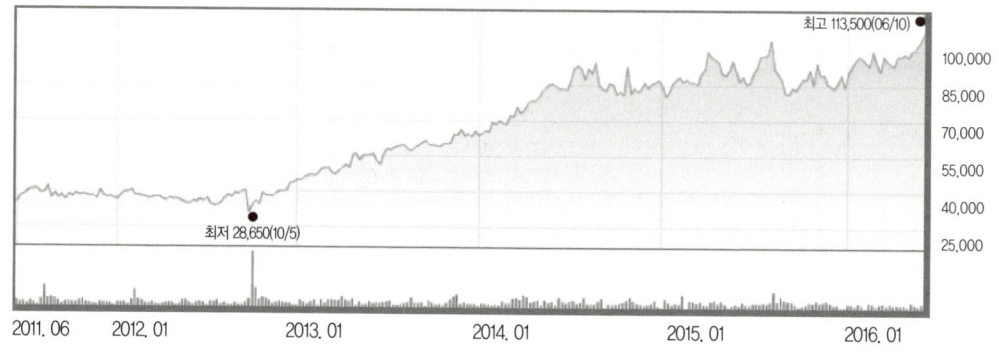

코웨이는 국내에서 정수기, 공기청정기, 비데 렌털 산업을 개척했고 현재 시장점유율 1위 기업이다. 원래 웅진그룹의 캐시카우 역할을 담당하던 그룹 내 중추기업이었으나 2012년 웅진그룹이 어려움을 겪게 되면서 대주주가 사모펀드 MBK파트너스로 바뀌게 되었다.

웅진그룹은 소비재 산업 위주의 사업 포트폴리오를 태양광, 건설업 등 산업재로 재편하는 과정에서 경영진의 오판도 있었겠지만 우호적이지 않은 산업환경을 만나 어려움을 겪었다. 그런 과정에서 코웨이에 대한 매각 논의가 시장에 심심치 않게 나왔다. 어수선한 그룹 분위기 속에서 대주주 리스크가 부각되면서 코웨이는 시장에서 저평가 상태에 놓이게 되었다.

코웨이의 핵심사업은 렌털사업으로 감가상각비와 자본지출의 규모가 거의 비슷하기 때문에 순이익을 주주이익으로 가정할 수 있었다. 또한 정수기 렌털 산업 내 확고한 브랜드 파워와 코디 시스템에 의한 강력한 방문판매망을 구축하고 있기 때문에 물가상승률 이상으로 렌털 요금을 꾸준히 올릴 수 있었다. 게다가 산업 자체가 성장하고 있기 때문에 2006년부터 2011년까지 5년간 순이

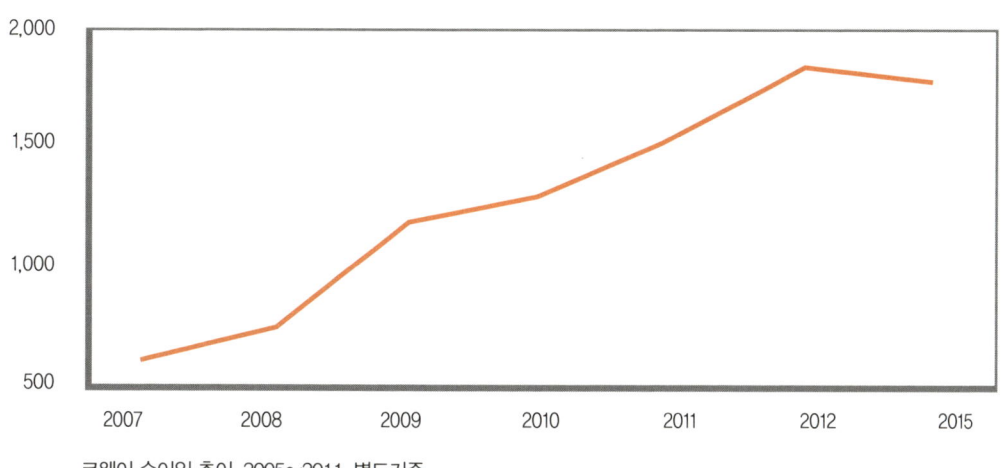

코웨이 순이익 추이, 2005~2011, 별도기준

익이 연평균 18.7%의 고속성장을 할 수 있었다.

2011년 코웨이는 별도 회계기준으로 1,771억 원의 순이익을 거두고 있었다. 2012년 순이익은 대주주가 바뀌는 상황 속에서 1,197억 원을 기록했다. 여러 일회성 비용들을 감안하고 대주주가 바뀌면서 부실 자회사들도 매각되는 조건이었기 때문에, 당시 순이익이 향후 2011년 수준으로 회복할 가능성이 높다고 볼 수 있는 상황이었다. 웅진그룹에서 분리되면서 지주사에 지급되던 여러 수수료들도 없어져 더욱 높은 수준의 이익을 기대할 수 있었다. 산업의 꾸준한 성장세 덕에 2012년 이후 2,000억 원 이상의 순이익을 거둘 수 있을 것이라고 합리적으로 예상하기가 어렵지 않은 상황이었다.

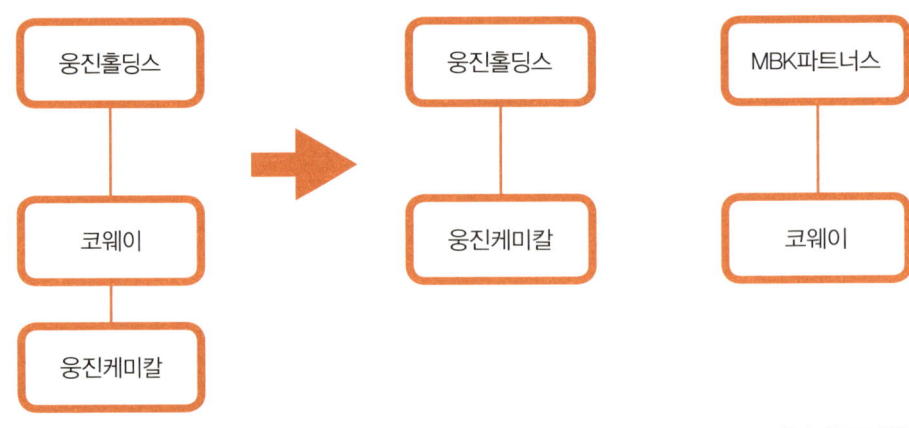

코웨이 대주주 변경

대주주 관련 불확실성이 극도로 높아졌던 2012년 10월 5일 주가는 2만 8,650원을 기록했는데 시가총액은 2.2조 원 수준이었다. 즉 합리적으로 추정 가능한 적정 수준의 이익 2,000억 원을 감안하면 PER은 11배 수준으로 평가받은 셈이며, 2011년 기준 순이익 1,771억 원의 12배 수준이었다.

2012년에 국고채 10년물 수익률은 평균 3.45%였다. 코웨이는 과거 인플레이션을 높은 수준으로 뛰어넘는 이익 성장률을 보여준 데다, 경제적 해자도 뚜렷했다. 산업 자체도 성장 추세에 있었기 때문에, 향후에도 물가상승률 수준의 성장성을 보여줄 것이라 기대하는 것이 무리가 아니었다. 3.45%의 무위험수익률이 너무 낮아 5%(PER 20배)나 7%(15배) 수준을 감안하더라도 적정 이익의 11배로 거래되던 상황은 상당한 저평가 상태라고 볼 수 있었다.

7%(15배)의 할인율을 감안해서 내재가치를 추정했더라도 약 40%의 안전마진이 확보된 상황이었다. 게다가 새로 대주주가 된 MBK파트너스는 불필요한 비용을 줄이고 기업 외적인 이슈에 소모된 내부 역량을 사업에 집중함으로써 더욱 큰 도약을 이뤄내겠다고 공공연히 언급하던 차였다.

2012년 10월 코웨이 보통주에 대한 투자는 여러 정황상, 좋은 기업을 시장이 제대로 평가하지 못해 싸게 거래되는 시기에 과감히 매수에 들어가는 버핏의 투자에 가까웠다고 볼 수 있다. 2016년 6월 현재 코웨이의 시가총액은 7.9조 원에 이르고 2015년 순이익은 3,494억 원(지배주주순이익 기준)에 달한다.

※ 2016년 7월, 코웨이는 일부 얼음정수기 모델에서 니켈이 검출되는 사건으로 인해 브랜드 가치의 훼손이 불가피한 상황에 놓여 있다. 향후 회사의 대응 및 난관을 풀어가는 모습을 주의 깊게 살펴볼 필요가 있다고 판단된다.

🟠 동서 (026960)

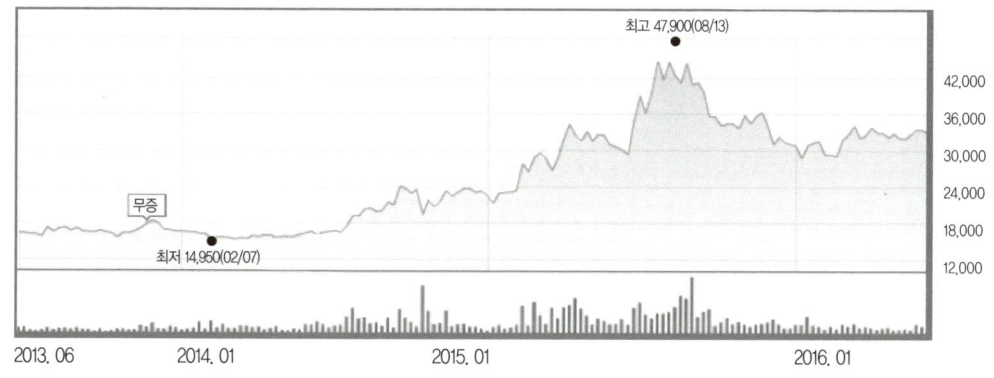

동서는 커피믹스 '맥심'으로 잘 알려져 있는 동서식품의 모회사이다. 크래프트Kraft Foods Holdings와 지분을 50%씩 나눠서 보유하고 있다.

2014년으로 돌아가서 보면, 꾸준한 주가 상승으로 연초 1만 6,000원대이던 주가는 9월에 2만 4,000원까지 올랐다. 2만 4,000원대를 유지하다 10월에는 2만 원대를 잠시 하회했다. 대장균이 검출된 불량 시리얼을 정상제품과 섞어 판매했다는 혐의를 받게 된 이른바 대장균 시리얼 파동 탓이다. 도덕성 논란과 함께 주가는 단기간에 20% 가까이 급락했으며, 언론에 관련 뉴스들이 도배되었다. 2015년 12월 17일 1심 무죄가 선고된 상태이며, 현재 검찰은 항소 중에 있다.

회사 측에서 공개적으로 언급한 적은 없지만 시리얼 사업은 동서식품 매출의 20% 수준인 것으로 알려져 있으며, 이익 기여도는 더 낮은 것으로 알려져 있다. 동서식품의 경제적 해자는 '맥심'으로 대표되는 믹스커피 사업에 있기 때문에, 시리얼 사업과 관련된 이슈는 회사의 펀더멘털을 훼손할 정도는 아니었다. 때문에 연초 1만 6,000원대의 주가가 2만 원을 뚫고 올라가는 모습을 쳐다만 봐야 했던 투자자들에게, 펀더멘털과 크게 관련 없는 이슈로 20% 가까이 단기 급락하는 상황은 좋은 투자 기회가 될 수 있었다. 연초에 1만 6,000원대에 매수해서 보유하고 있었다면 지분을 더 늘릴 수 있는 좋은 기회였다.

2014년의 상황에서 동서식품과 동서의 내재가치를 추정해보자. 동서식품은 '맥심'이라는 브랜드 파워를 통해 꾸준히 믹스커피 시장을 리드해 왔다. 단일 브랜드 '맥심'에만 연간 1,656억 원(2015년 기준)의 광고비를 집행하고 있는데, 이는 단일 브랜드 기준으로 국내 식품업계에서 타의 추종을 불허할 정도의 규모이다.

2004년부터 2014년까지 10년간 주주이익은 894억 원에서 1,818억 원으로 연평균 7.4% 성장해왔다. 같은 기간 물가는 연평균 2.7%(소비자물가지수 기준,

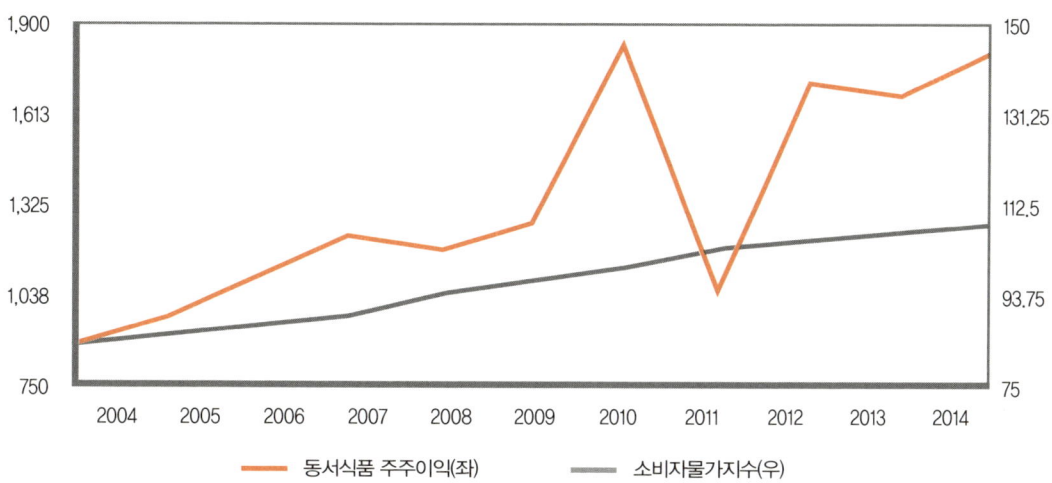

통계청) 상승했는데, 물가상승률보다 2.7배 높은 성장률을 보여줬다.

    2014년 국고채 10년물 수익률은 평균 3.18%였다. 5%(20배)의 무위험수익률을 가정하더라도 10년이 넘는 기간 동안 물가상승률보다 훨씬 높은 수준의 성장률을 보여줬기 때문에, 이 회사의 내재가치는 20배보다는 높다고 판단할 수 있었다. 적정 수준의 배수를 20~30배 수준으로 가정하는 것이 무리가 아니었다고 볼 수 있다. 즉 동서식품의 내재가치는 3.6~5.4조 원의 범위로 추정할 수 있었다.

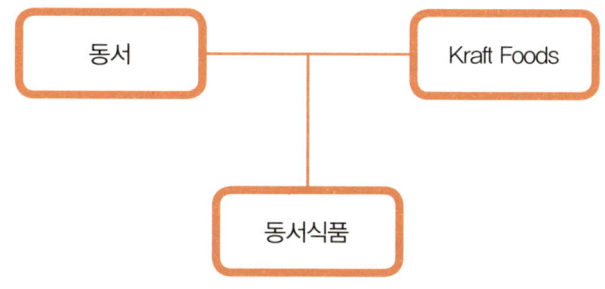

동서, 동서식품 지분구조

동서가 동서식품을 50% 보유하고 있고, 매출 4,500억 원에 영업이익 400억 원대의 식자재 및 포장재 사업을 자체적으로 영위하고 있는데다 순현금성 자산도 4,734억 원을 보유하고 있었다.(2014년 말 기준) 자체 사업 및 순현금 가치는 보수적으로 산정해도 9,000억 원 정도로 볼 수 있었다. 〔자체 사업 PER 15배(7% 할인율) 적용〕

(단위:억 원)		비고
매출액	4,537	
영업이익	406	
추정순이익	305	법인세율 25% 가정
PER	15	
자체사업가치	4,568	
순현금성자산	4,734	
계	9,302	

주) 포장재, 식자재 사업 특성상 유형자산 투자 규모가 크지 않아 주주이익=순이익 가정 가능

동서 자체 사업과 순현금 가치 계산

동서식품 내재가치의 50%를 반영해준 동서의 총내재가치는 2.7~3.6조 원의 범위로 추정이 가능했다. 그러나 2014년 10월 17일 종가 1만 9,500원을 기준으로 볼 때 시가총액은 1.9조 원이었다. 당시 추정 내재가치의 하단인 2.7조 원의 70% 수준으로 거래되고 있었다. 동서식품 지분가치의 하단인 1.8조 원을 고려하더라도 1.9조 원의 시가총액은 저평가 상태라고 볼 수 있었다.

합리적으로 최소한 2.7조 원의 내재가치를 추정할 수 있는 기업을 펀더멘털과는 크게 관련 없는 이슈로 주가가 급락한 시기를 활용해 1.94조 원에 매수할 수 있다면, 버핏의 투자와 유사하다고 말할 수 있을 것이다. 2014년 10월은 시장점유율 1위의 강력한 해자를 가진 기업을 30%의 안전마진이 확보된 가격에

매수할 수 있던 시기였다. 2013년부터 침체 기미를 보여준 믹스커피 시장의 영향에 불구하고 2016년 6월 현재 동서의 시가총액은 3.2조 원에 이르고 있다.

● BGF리테일 (027410)

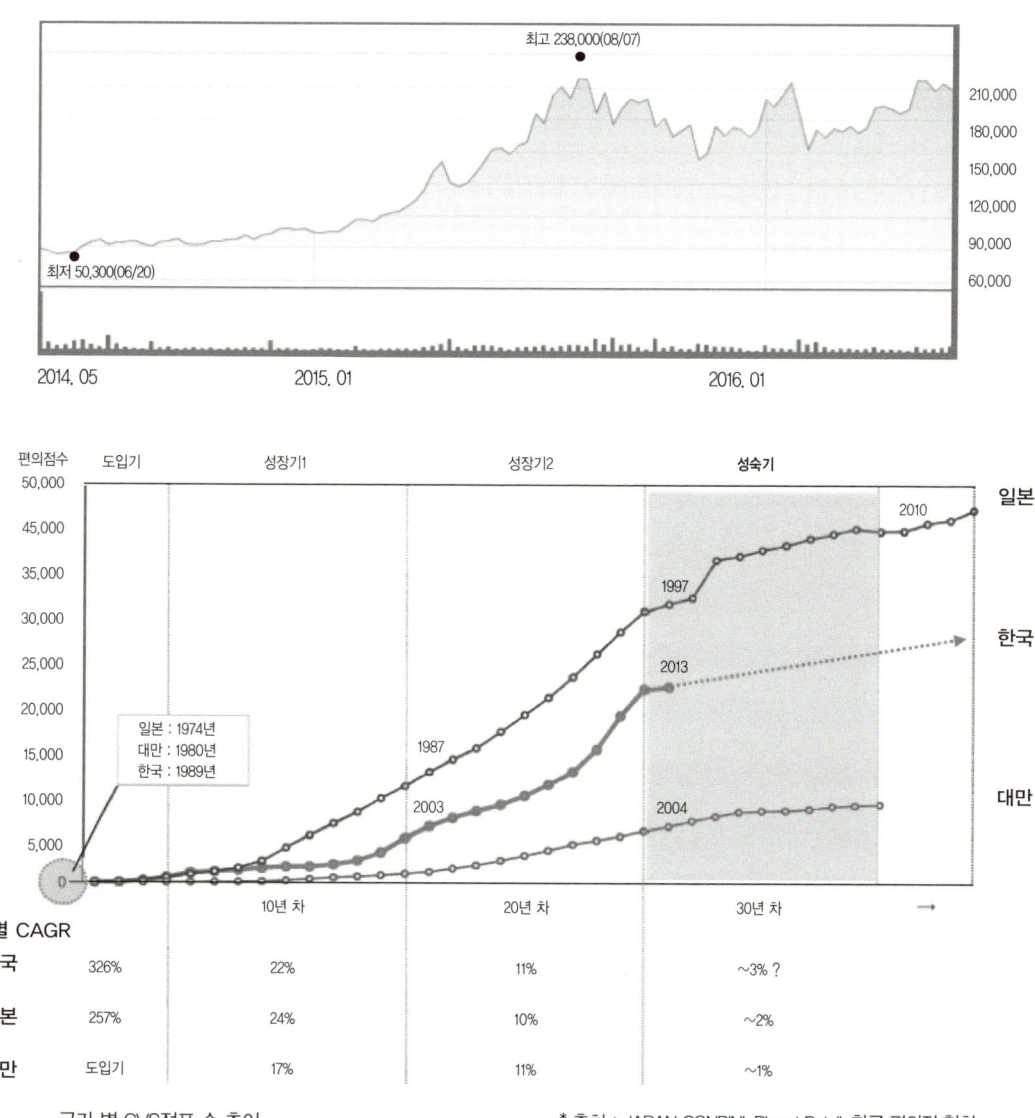

국가 별 CVS점포 수 추이

* 출처 : JAPAN CONBINI, Planet Retail, 한국 편의점 협회

8장 한국 기업 적용 5가지 사례 분석 — 131

한국의 편의점 산업은 위 도표에서 보는 바와 같이 2013년을 정점으로 도입 30년차에 접어들었다. 한국은 편의점이 앞서 도입된 일본과 대만의 전철을 차근차근 밟아나가는 모습을 보여주고 있다. BGF리테일의 주주이익 추이를 보면 자본지출이 크게 늘어나는 2011년과 2012년에 마이너스로 접어드는 모습을 보여주는데, 업계 전반적으로 점포 수 증가 경쟁이 있던 시기였다.

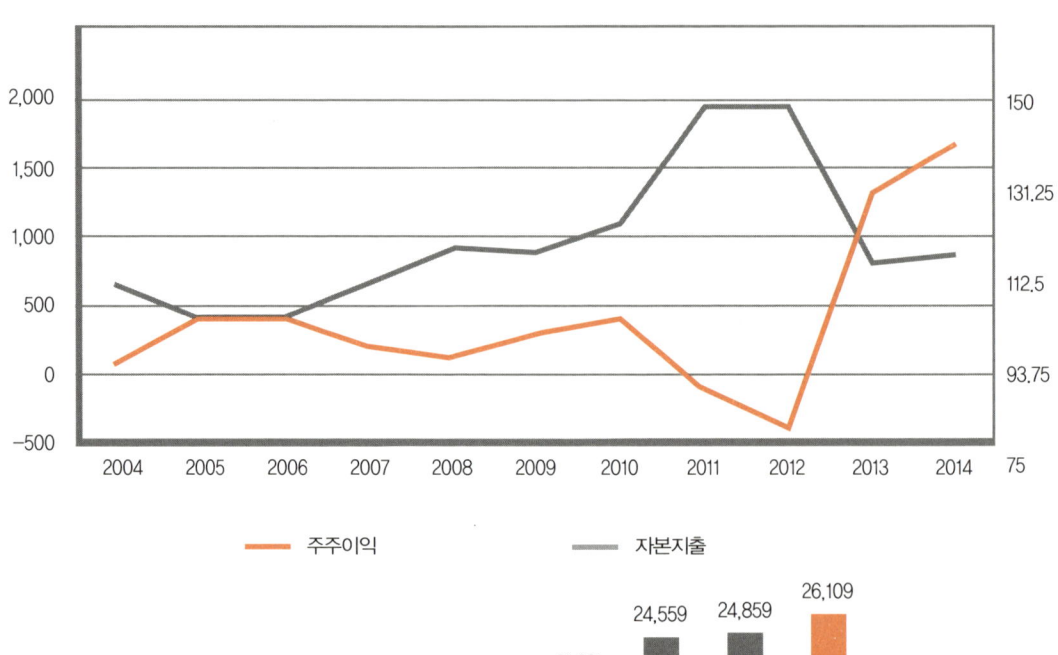

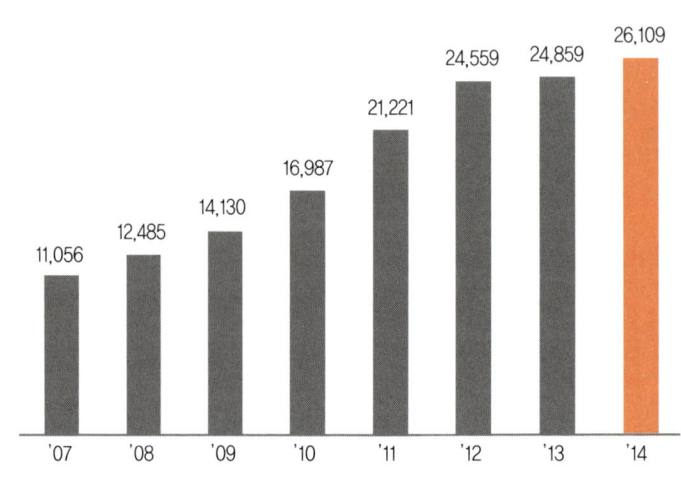

국내 편의점 점포 수 추이

한국 또한 일본과 마찬가지로 편의점의 주 수요층인 1~2인 가구의 장기적인 증가가 예정되어 있어, 국내 편의점 산업의 긍정적인 미래를 그려보기에 무리가 없었다. 또한 신세계그룹이 '위드미'를 인수해 편의점 사업에 진출했지만, 이미 업계는 CU, GS, 세븐일레븐의 3강 구도로 고착화되어 있었다. 즉 장기 성장 산업이 과점 구도를 형성하고 있었던 것이다.

한국보다 25년 먼저 편의점이 도입된 일본 편의점 산업에 대한 공부는 여러모로 한국 편의점 산업의 미래에 시사하는 바가 컸다. 일본은 양적 성숙기에 접어든 이후 PB상품의 확대로 마진이 확대되는 질적 성숙기에 접어든 지 오래였다. 한국 또한 2013년 이후 양적 성장은 일단락되었으며, BGF리테일이 상장된 2014년은 PB상품 도입 초기였다.

한국	BGF리테일	3.7%	2014년
	GS리테일	3.2%	
	세븐일레븐	1.3%	
일본	Seven & I	5.9%	2004년
	Lawson	11.7%	

한국, 일본 성숙기 영업이익률 비교, 각 사 사업보고서

PB상품 비중이 60~70% 수준이던 일본 업계 대비 한국 편의점 업계의 PB상품 비중은 20~30% 수준이었다. 국내 업계가 일본 수준으로 PB상품 매출 비중을 장기적으로 끌어올릴 계획을 공공연히 언급했기 때문에, 당시 여러 언론이나 보고서를 통해 이를 확인하기가 어렵지 않았다. 즉 장기적으로 일본 편의점 업계의 질적 성숙기 마진까지 확대될 수 있는 여력이 있다고 볼 수 있었다.

2014년 상장 이후 5만 200원의 저점을 형성한 6월 20일의 시가총액은 1.25조 원 수준이었다. 장기적으로 인구구조의 변화 수혜가 기대되는 데다 마진까

지 확대될 가능성이 높은 사업이 당시 주주이익 1,346억 원의 10배도 안 되는 수준에 거래되고 있었다. 분명 좋은 기업을 싸게 살 수 있는 기회였다. 굳이 국고채 10년물 2014년 평균 금리 3.18%를 고려하지 않더라도 최소한 7%(15배)에서 5%(20배) 수준을 가정하는 게 큰 무리가 아니었다. 7%를 가정하더라도 40% 이상의 안전마진이 확보된 수준이었다. 2016년 6월 현재 BGF리테일의 시가총액은 5.3조 원에 형성되어 있다.

● 대한약품 (023910)

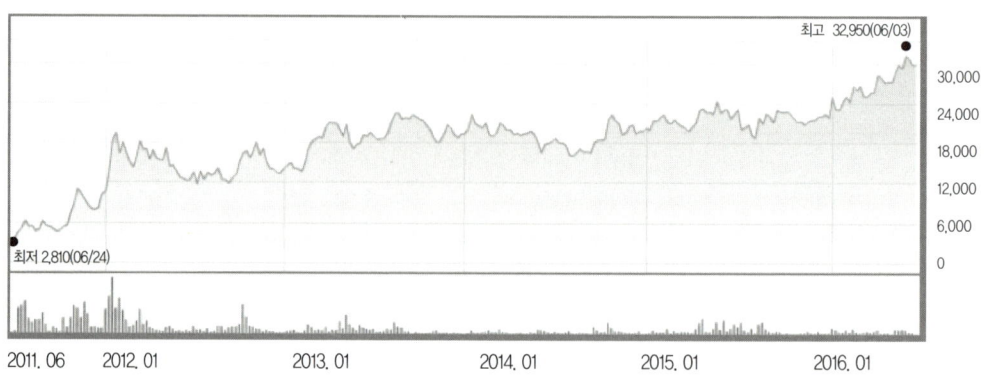

대한약품은 수액제(링거)를 생산하는 중소제약사로, 기초수액제 시장을 CJ, 중외제약과 함께 과점하고 있다. 기초수액제 품목은 필수의약품이기 때문에 정부에서 '퇴장방지의약품'으로 지정해서 적정 수준의 마진을 확보할 수 있도록 제도적으로 보완해주고 있다. 때문에 대한약품의 제품가격은 꾸준히 증가해왔다. 한국사회의 고령화와 맞물려 수액제의 시장 수요 또한 꾸준히 성장해왔다.

품목		2010	2011	2012	2013	2014	2015	CAGR	상승률
5%포도당주사액	500ML	976	1,153	1,153	1,237	1,385	1,385	7.3%	41.9%
5%포도당주사액	1,000ML	1,172	1,457	1,457	1,489	1,602	1,619	6.7%	38.1%
10%포도당주사액	500ML	1,263	1,263	1,263	1,307	1,431	1,431	2.5%	13.3%
10%포도당주사액	1,000ML	1,263	1,545	1,545	1,545	1,666	1,666	5.7%	31.9%
멸균생리식염수	500ML	948	1,099	1,099	1,191	1,300	1,300	6.5%	37.1%
멸균생리식염수	1,000ML	1,094	1,295	1,295	1,409	1,595	1,595	7.8%	45.8%
5%당가생리식염수	500ML	1,004	1,227	1,227	1,227	1,345	1,345	6.0%	34.0%
5%당가생리식염수	1,000ML	1,178	1,418	1,418	1,436	1,585	1,585	6.1%	34.6%
하트만액	500ML	1,108	1,213	1,213	1,213	1,303	1,339	3.9%	20.8%
하트만액	1,000ML	1,108	1,352	1,352	1,398	1,544	1,544	6.9%	39.4%
하트만덱스	500ML	1,299	1,299	1,299	1,299	1,388	1,388	1.3%	6.9%
하트만덱스	1,000ML	1,463	1,463	1,463	1,508	1,666	1,666	2.6%	13.9%

대한약품 주요 제품 가격 상승 추이, 사업보고서

대한약품의 주주이익 추이를 살펴보면 CAPEX가 감가상각비 범위 내에서 집행되다가, 2013년과 2014년 각각 189억 원, 105억 원의 CAPEX가 투자된 것을 확인할 수 있다. 기존 CAPA 확장 대비 150% 수준으로 신공장을 건설하기 위한 투자였으며, 장기적인 수요 증가에 대비하기 위한 투자였다. 즉 지속적으로 발생하는 비용이 아니었다. 2015년부터 CAPEX는 감가상각비 수준으로 수렴하고 있는 것을 확인할 수 있다.

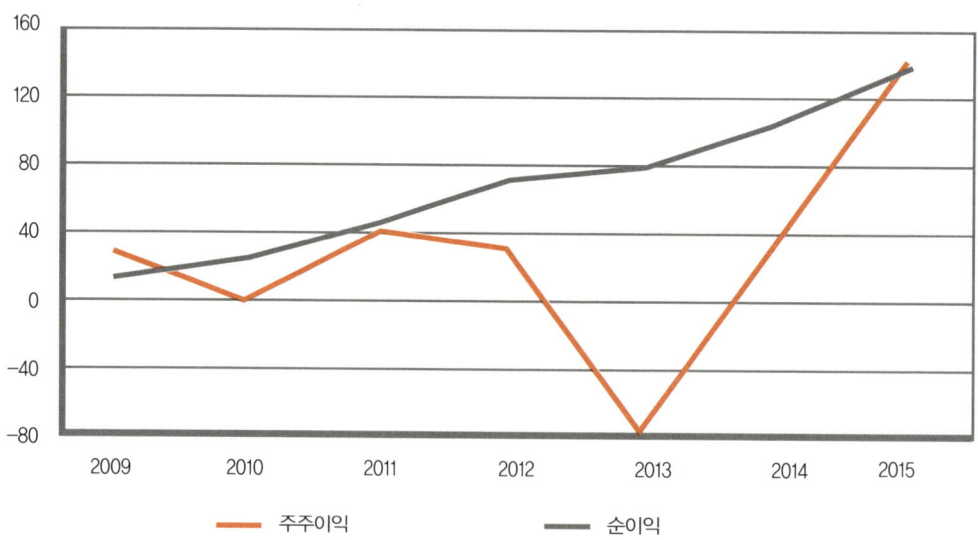

　향후에도 물가상승률 수준으로 제품가격이 인상될 가능성이 높은 사업이 2014년 8월 시가총액 962억 원에 거래되고 있었다. 당시 예상 순이익 104억 원을 적정 주주이익으로 고려한다 해도 적정 주주이익 대비 9.25배 수준이었다. 2014년 10년물 국고채 평균 금리 3.18%는 제쳐두고 보수적으로 7%(15배)의 할인율을 고려하더라도 50% 이상의 안전마진이 확보된 가격이었다.

　과점적 시장에서 꾸준한 가격 상승이 가능한 사업을 50% 이상의 안전마진이 확보된 가격에서 매수했다면 분명 버핏의 투자와 많이 닮은 투자라고 볼 수 있다. 2016년 6월 대한약품의 시가총액은 1,800억 원 수준으로 형성되어 있다.

쎌바이오텍 (049960)

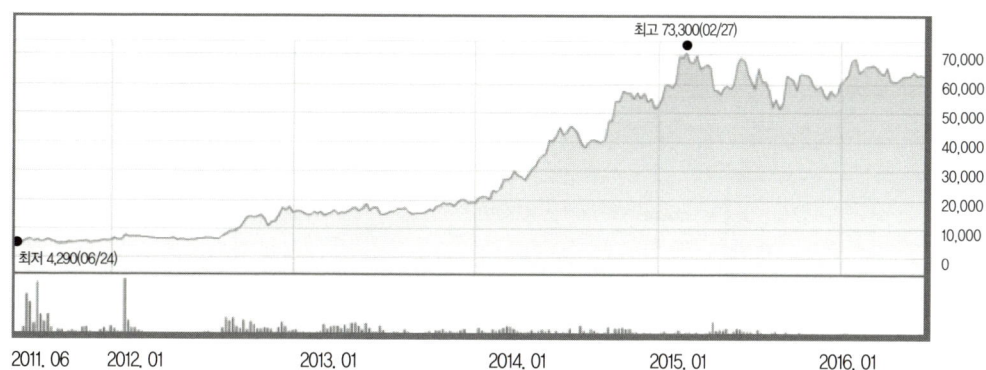

　쎌바이오텍은 프로바이오틱스 유산균 시장에서 독보적인 기술력으로 꾸준히 성장해오고 있다. 2013년에 쎌바이오텍은 암웨이에 OEM으로 제품을 공급해오다 국내 프로바이오틱스 시장의 성장과 함께 자체브랜드 '듀오락'을 키우기 위해 CAPA를 2배로 증설하고 있는 상황이었다. 당시 급증한 자본지출은 미래를 준비하기 위한 투자로 일시적으로 발생했다.

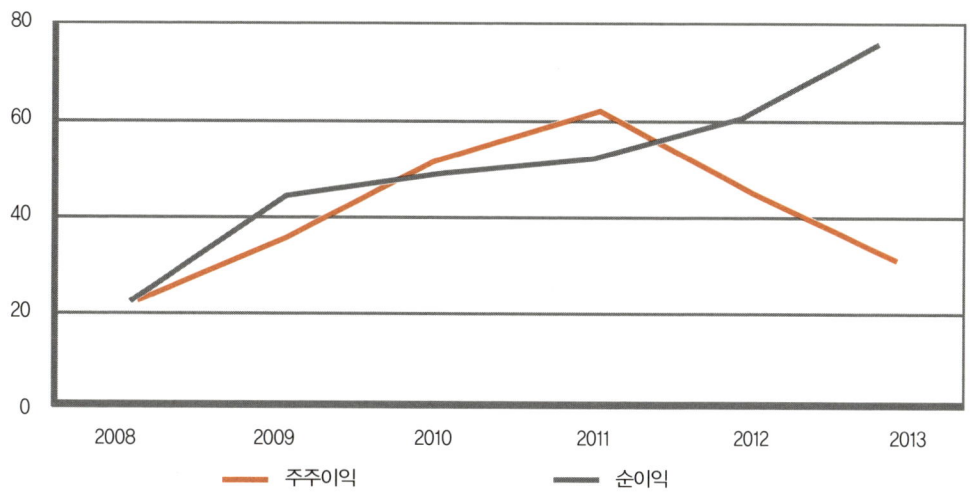

8장 한국 기업 적용 5가지 사례 분석　137

2013년도 순이익 78억 원 기준으로 볼 때 당시 시가총액 1,500억 원은 19배 수준이었다. 급성장하던 국내 프로바이오틱스 시장과 쎌바이오텍의 기술력을 감안하면 당시 CAPA를 2배로 늘리는 경영 판단은 적절했다고 보인다. 따라서 장기적으로 순이익이 2배 정도 성장할 수 있다는 추정이 가능한 상황이었다.

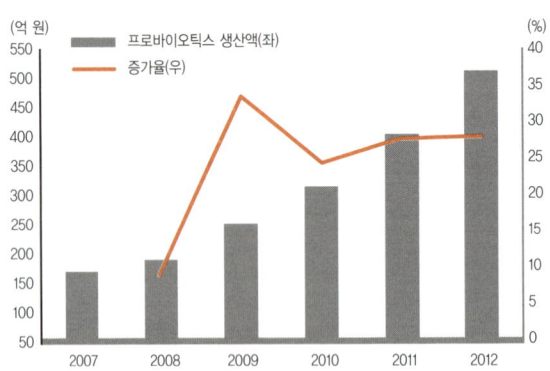

자료 : 한국보건산업진흥원, 신영증권 리서치센터
국내 프로바이오틱스 시장 규모

단지 19배의 내재가치를 인정하더라도 적정 주주이익의 2배 성장 가능성은 매력적인 투자 기회였다고 판단된다. 만일 성장률이 예상보다 높아 20배 이상의 가치를 인정해주게 된다면 장기적으로 2배 이상의 주가 상승도 충분히 기대해볼 만한 상황이었다. 즉 최소한 100%의 안전마진이 확보된 상황이므로, 2013년도 쎌바이오텍에 대한 투자는 버핏의 투자와 닮아 있다고 말할 수 있다. 2016년 6월 현재 쎌바이오텍의 시가총액은 5,880억 원대에 형성되어 있다.

최대한 주가가 저평가되어 있을 당시에 파악할 수 있는 정보들을 토대로 실전적인 사례들을 설명하려고 노력했다. 그러나 이미 주가가 올라 있는 현시점(2016년)에서 설명하는 것이기 때문에 결과론적인 내용이 포함될 수밖에 없다.

또한 실제 그 당시 기대되던 모습대로 미래가 펼쳐지지 않을 가능성도 완전히 배제할 수는 없다. 그럼에도 불구하고 위 사례들이 도움이 되는 이유는, 향후 비슷한 기회가 올 때 가능한 여러 시나리오들을 가정하고 각각의 확률에 대해 고민함으로써 좀 더 높은 확률로 투자하는 연습을 하기에 충분한 사례이기 때문이다. 저평가 상황을 판단하는 기본적인 요소는 해당 기업과 산업에 대한 펀더멘털의 분석이 바탕이 되어야 한다는 점에 유의할 필요가 있다.

제2부 워런 버핏처럼 투자하기

워런 버핏 주주편지 핵심 분석(2008)

이 글은 워런 버핏이 2009년 봄에 버크셔 해서웨이 주주들에게 2008년 경영성과 등을 설명하기 위해 보낸 편지 내용 가운데 핵심적인 부분을 분석한 것이다.

버크셔 해서웨이의 주당순자산가치는 2007년에 비해 9.6% 줄어든 7만 530달러를 기록했다. 이는 지난 44년간 최악의 결과이며 6.2% 감소를 기록한 2001년 이래 두 번째 마이너스 수치이다. (벤치마크 S&P 500에 비해서는 27.4% 초과한 성과 달성)

1965~2008년 동안의 연평균 주당순자산가치 성장률은 20.3%로 S&P 500의 8.9%보다 11.4% 초과달성했다. (연평균 순자산가치 목표 성장률15%는 계속 지켜지고 있는 셈이다.) 버크셔 해서웨이의 주당순투자자산은 9만 343달러에서 7만 7,793달러(소수 지분 제외)로 13.8% 감소하고 67개 비보험 기업들의 세전순이익은 4,093달러에서 3,921달러로 4.2% 감소했다. 즉 버크셔 해서웨이 주당순자산가치 감소의 주범은 투자 포트폴리오다.

워런 버핏 또한 현재의 상황이 유례를 찾아보기 어려울 정도로 심각한 상황임을 인정하고 있으며 모든 종류의 투자자들을 배드민턴 게임의 셔틀콕(원문은 작은 새)에 빗대 이리 치이고 저리 치이는 상황으로 표현하고 있다. 그러나 과거 두 번의 큰 전쟁과 수많은 패닉, 경기침체, 1980년대 오일쇼크로 인해 21.5%까지 치솟았던 인플레이션, 대공황 이후 1930년대 수년간 실업률이 15~25%를 넘나들었던 시기들을 잘 이겨냈듯이 작금의 패닉 또한 이겨낼 수 있을 것으로 믿고 있다. (지난 44년간 S&P 500이 75%의 기간 동안 이익을 실현했는데 향후 44년간 또한 엇비슷한 비율의 이익 실현기간이 나타날 것이라고 예상한다.)

네 가지 목표

경기부침에 관계없이 워런 버핏이 추구하는 네 가지 목표는 다음과 같다.

1) 버크셔 해서웨이를 난공불락의 재무 상태를 갖춘 기업으로 관리하는 것. (충분한 유동성, 단기 레버리지, 수익구조의 다변화)
2) 소유 기업들의 해자를 넓히는 것.
3) 새롭고 다양한 수익구조를 개발하거나 인수하는 것.
4) 수년 동안 버크셔 해서웨이에 대단한 결과를 안겨줬던 훌륭한 경영진들을 계속 늘리고 키우는 것.

2008년의 버크셔 해서웨이

버크셔 해서웨이는 크게 네 가지 사업부문(보험, 유틸리티, 제조/서비스, 금융/금융상품)으로 나눌 수 있는데 보험과 유틸리티는 좋은 실적을 거둔 반면 제조/서비스, 금융/금융상품은 실적이 좋지 않았다.

유틸리티사업

2008년 버크셔 해서웨이 사업들의 실적을 간략히 설명하면 먼저 유틸리티사업의 경우 2007년 11억 8,000만 달러의 순이익을 기록했고 2008년에는 18억 5,000만 달러의 순이익을 거둬들여 56%의 이익성장률을 보여줬다. 그러나 이익 성장의 대부분은 지난해 컨스텔레이션 에너지Constellation Energy 인수계약이 파기된 것에 대한 위약금Breakup fee과 투자이익 때문이었다.

미드어메리칸 에너지 홀딩스MidAmerican Energy Holdings는 ❶ 영국 전기사업, ❷ 미국 아이오와 주 전기사업, ❸ 서부 6개 주에 대한 전기사업, ❹ 미국 천연가스 시장의 9%를 차지하는 가스관사업을 운영하고 있다.

워런 버핏이 인수하던 때 천연가스관사업은 소비자만족도에서 하위권이었으나 2009년도에는 1~3위권으로 올라섰으며 아이오와 주 전기사업은 2013년까지 전기료를 동결했음에도 불구하고 풍력비중을 20%까지 늘려나가면서 꾸준한 이익성장을 보여주고 있다. 서부 6개 주 전기사업 또한 풍력비중을 늘려나갔다. (현재 미드어메리칸 에너지 홀딩스는 미국에서 풍력부문 1위이다.)

중요한 것은 이러한 일련의 성장을 동결된 전기료와 2% 줄어든 인력구조 속에서 이뤄냈다는 점이다. 사업구조의 효율을 늘 강조하는 워런 버핏다운 관점이 그대로 녹아든 기업이라고 볼 수 있다. 비록 CAPEX(유형자산 투자비용)가 크고 배당도 없지만 CAPEX의 내용이 고객만족을 위한 서비스 개선과 설비 개선을 위해 불가피한 부분이기 때문에 투자자본에 대해 적정한 이익을 얻을 수만 있다면 부정적으로 판단하지 않는다.

보험사업

2008년은 GEICO의 해였다고 해도 무방할 정도였다. 경기침체로 미국의 수요가 저렴한 보험으로 쏠렸기 때문이다. 2007년 7.2%의 시장점유율M/S은 7.7%로 늘어났다. 5년 전 직원 1인당 계약 수는 299건에 불과했으나 2008년에는 439건으로 늘어날 정도로 생산성이 확대되었다. 1995년 시장지위는 7위에 불과했으나 2008년에는 스테이트 팜State Farm, 올스테이트Allstate에 이어 3위로 올라섰다.

제너럴 리General Re 또한 괜찮은 한 해를 보냈는데 그동안 제너럴 리를 끊임없이 괴롭혀오던 언더라이팅Underwriting(보험 계약 시 계약자가 작성한 청약서상의 고지의무 내용이나 건강진단 결과 등을 토대로 보험계약의 인수 여부를 판단하는 최종 심사 과정) 문제, 준비금, 비용문제들이 정리되었기 때문이다. 버크셔 해서웨이의 신용등급이 2008년 말 기준 AAA이기 때문에 자회사인 제너럴 리의 경쟁력이 더욱 강화될 것으로 예상하고 있다. 아지트 자인Ajit Jain의 재보험사업 또한 훌륭한 성적을 거두었다고 평가하고 있다.

2008년에 보험업을 통해 끌어들인 돈(부동자금Float)은 2007년과 엇비슷한 584억 달러이며 27억 달러의 보험영업이익을 기록함으로써 2008년 또한 584억 달러의 차입금을 아무 비용 없이(오히려 27억 달러를 받으면서) 사용할 수 있었다.

제조, 서비스 및 소매사업

기타 사업들은 2007년에 비해 전체적으로 매출은 늘었으나 이익은 거의 비슷한 수준으로 수익성이 약간 훼손되었다. 그러나 여전히 순유형자산nettangible asset 대비 17.9%의 이익을 내고 있어 효율적인 사업구조를 유지하고 있다.

4분기에 들어 실적들이 급감했는데 2009년도 전망은 좋아 보이지 않는다. 그러나 확실히 2008년에 제조/서비스 업체들이 경제적 해자를 더욱 강화했다고 보고 있는데 이는 해당 업체들이 직접 뛰어든 M&A들에 대한 워런 버핏의 평가가 상당히 만족스럽기 때문이다. (이스카Iscar의 텅갈로이Tungaloy 인수, 마이텍MiTek, 벤저민 무어Benjamin Moore, 애크미 브릭AcmeBrick, 포리스트 리버 Forest River, 마먼Marmon, CTB 등)

금융 및 금융상품

버크셔 해서웨이가 소유하고 있는 모기지 업체 클레이튼 홈즈Clayton Homes의 사례를 통해 여신업에 대한 통찰을 엿볼 수 있다. 클레이튼 홈즈의 대출고객들의 신용도 점수의 중간값은 미국 전체 중간값 723점에 못 미치는 644점인데다가 35%는 620점도 안 되는 소위 '서브 프라임' 고객임에도 불구하고 연체율이 2006년도의 2.9%에서 3.6%로 미미한 증가를 보이는데 그쳤고 대손이 3%(2006년 대손율 3.8%)에 불과할 수 있었던 이유는 무엇일까?

대부분의 모기지 업체들이 담보물인 집의 가격을 대출의 근거로 잡은 데 비해 클레이튼 홈즈는 대출자의 수입에 기준을 뒀기 때문이라고 워런 버핏은 설명하고 있다. 연체나 대손은 결코 집값이 대출 잔액보다 떨어진다고 발생하는 것이 아니며 대출자들의 수입이 이자를 감당하지 못할 때 발생한다는 평범한 논리로 모기지 업체들의 과도했던 대출에 대해 비판하고 있다. 이는 개인적으로 『증권분석Security Analysis』의 확정이자부증권 부문에서 보여준 벤저민 그레이엄의 안정성과 관련된 견해와 동일선상에 있다고 판단된다. (투자의 안정성은 담보물의 가치나 높은 수익성으로 보장되지 않는다. 지불 능력의 중요성을 강조한다.)

하지만 버크셔 해서웨이를 통해 자금을 조달하는 클레이튼 홈즈로서는 현재 아무리 버크셔 해서웨이가 AAA의 신용등급이라고 하더라도 정부보증금융기관을 제외하고는 CDSCredit default swap가 높은 상황이기 때문에 조달비용이 올라 점점 사업하기가 어려운 상황이 되어가고 있다.

클레이튼 홈즈의 사례를 통해 여신업무를 영위하는 금융업체들에 대한 견해를 얻을 수 있는데 만일 클레이튼 홈즈와 비슷한 기준으로 여신업무를 하고 있다면 눈여겨 볼 필요가 있다고 본다.

비과세 채권보증

워런 버핏의 보험과 투자에 대한 기본적인 접근방식은 동일하여 '남들이 두려워할 때 용기를 내고, 용기를 낼 때 두려워 한다'는 원칙이 보험업에도 그대로 적용된다. 그렇기 때문에 보험매출이 줄어드는 것을 감수하더라도 수익성을 고수하는지 여부를 중요하게 보는 것이다.

건전한 수익성 속에서 재무구조를 튼튼하게 다져놓는다면 남들이 두려워하는 시기에 용기를 내어 좋은 물건들을 좋은 조건으로 인수할 수 있기 때문이다. 비과세 채권보증과 관련된 부분은 이러한 워런 버핏의 예측이 정확히 맞아 떨어진 상황을 설명하고 있다.

2008년 초 워런 버핏은 빅 3 모노라인monoline(채권보증업체) 업체들에게 8,220억 달러에 달하는 비과세 채권(주로 주정부, 시정부 채권들)에 대한 1순위 보증 대가로 1.5%의 수수료를 제안하지만 거절당한다.

하지만 그 이후 신용은 더욱 경색되었고 비록 규모는 훨씬 작지만 결과적으로 3.3%의 수수료에 156억 달러 규모의 비과세 채권에 대한 2순위 보증보험 계약을 인수하게 된다. 1순위 보증 업체가 쓰러져야 보증 채무에 대한 청구가 들어오는 2순위 계약임에도 불구하고 수수료율은 3.3%로 더 좋은 조건이다. 또한 37억 달러 규모의 1순위 보증 계약도 인수했다.

워런 버핏은 2순위 보증 계약이 버크셔 해서웨이의 좋은 재무 상태에 기인한 것으로 판단하고 있다. 모노라인들에 의해 1순위 보증 계약을 맺은 투자자들이 굳이 2순위 계약까지 맺으려 하는 이유는 버크셔 해서웨이의 재무 상태가 더 믿을 만하기 때문이라는 것이다. 모노라인들은 자금 수혈을 받아 파산을 면했고 버크셔 해서웨이 또한 간접적인 수혜를 받게 된 셈이 되었다.

원래 비과세 채권을 보증해주는 모노라인들은 정부 감독 하에 견실한 재무

상태에 있었으나 경쟁이 치열해지면서 점점 수익성이 높은 모기지 채권까지 건드리게 되었으며 무분별한 보증 남발로 인해 모기지 채권들은 부실화되어 갔고 이는 결국 모노라인들을 국유화하게 되는 결과를 낳게 되었다.

집값이 점진적으로 올라갈 때는 모든 수치들이 좋아 보였으나 반대의 상황에서 과거 수치들이 의미를 잃어버리게 된 모기지 채권들의 비극을 통해 워런 버핏은 히스토리에 근거한 투자에 대해 경고하고 있다. 과거의 편향된 수치에 근거한 미래예측모델을 경계할 것을 당부하고 있다.

투자 부문

투자 포트폴리오에서 눈에 띄는 변화는 코노코필립스ConocoPhilips 지분을 크게 늘린 부분(10억 달러에서 70억 달러까지 확대)과 크래프트 푸즈Kraft Foods(41억 달러 → 43억 달러), 포스코POSCO(5억 7,000만 달러 → 7억 6,000만 달러), 사노피 어벤티스Sanofi-Aventis(14억 달러 → 18억 달러), 웰스 파고Wells Fargo(66억 달러 → 67억 달러)의 지분 확대, 스위스 리Swiss Re 신규 편입(7억 7,000만 달러), 유에스 반코프US Bancorp(24억 달러 → 23억 달러), 존슨 앤 존슨 Johnson & Johnson(39억 달러 → 18억 달러), P&G(10억 달러 → 6억 달러)의 지분 축소를 들 수 있다.

벌링턴 노던 산타페Burlington Northern Santa Fe와 무디스Moodys는 추가매수와 자사주매입소각으로 인해 지분율이 20%가 넘었기 때문에 지분법 적용 대상이 되어 투자 리스트에서 제외되었다.

특이한 부분은 가장 지분을 크게 늘렸던 코노코필립스에 대한 코멘트인데 유가 강세를 예측해 투자했다가 실패한 사례로 언급하고 있기 때문이다. 물론 현재 40~50달러의 유가 수준은 향후 탈피할 것으로 예상하지만 자신의 성급한 판단은 버크셔 해서웨이에게 수십억 달러에 달하는 비용을 초래할 것이라고 고백하고 있다. 또한 2억 4,000달러를 아일랜드은행에 투자했었으나 무려 89%의 손실을 입었던 사례를 들고 있다.

그러나 리글리Wrigley, 골드만삭스Goldman Sachs, GE의 전환상환우선주 투자에 대해서는 상당히 만족스러워하고 있으며 향후 전환권에 대해 보너스로 생각하고 있다. 위의 전환상환우선주 투자를 위해 존슨 앤 존슨과 P&G, 코노코필립스 주식을 소량 처분했다.

현재 미국 국채의 상황에 대해 또 다른 버블로 평가하고 있으며 현금성 자산이나 현재 낮은 수익률의 상황에서 장기 국채를 고집하는 투자자가 나중에 겪게 될 고통에 대해 경고하고 있다. 물론 현금성 자산이나 장기국채에 돈을 묻어두는 것은 '현금이 왕이다'라고 외치는 전문가들로부터 인정받을 만한 포지션이지만 투자는 결코 인정받기 위해 하는 것이 아니며 오히려 주변에서 인정받은 투자 안에 대해서는 심각히 재고해볼 것을 제안하고 있다.

파생상품 부문

워런 버핏은 파생상품의 위험에 대해 제대로 파악하고 있다. 파생상품은 물론 현재의 금융위기를 초래하게 된 원흉이기는 하지만 리스크를 제대로 파악하고 대처하면서 활용한다면 보험의 부동자금과 같은 비용 없는(혹은 아주 작은 비용의) 레버리지로 활용할 수 있다는 것을 보여주고 있다.

파생상품의 가장 큰 리스크는 바로 '거래상대방 리스크'라고 할 수 있는데 이는 곧 지불불능 상태를 초래하게 된다. 활용하는 레버리지도 큰데다가 계약기간도 길기 때문에 최종적으로 누가 거래상대방인지 확인하기가 어렵다. 얽히고설킨 거래관계 속에서 한 곳이 지급불능 상태에 다다르게 되면 그 파급효과를 가늠하기가 어려워지는 것이다. 이는 지난 베어스턴스BearStearns 사태 때 충분히 경험한 바 있으며 자칫 금융시스템 전체를 붕괴시킬 수도 있는 파괴력을 갖고 있음을 확인할 수 있었다.

성병 감염을 피하려면 '내가 함께 잠자리를 하는 사람이 누구인지가 중요한 것이 아니라 그 사람이 누구와 잠자리를 하느냐가 중요하다'는 말에 비유하면서 상세히 설명하고 있다. 또한 해당 금융기관들의 대마불사 정신이 함께 엮이면서 문제를 더 키워왔음을 지적하고 있다.

그러나 이러한 치명적인 리스크에도 불구하고 워런 버핏은 상당한 규모의 파생상품 계약을 체결해놓고 있는데 워런 버핏이 파생상품에서 주목하는 부분은 파생상품 계약 역시 가격 책정이 잘못될 수 있는 가능성이 존재하며 계약 체결 시 돈을 주는 계약이 아니라 먼저 받아두는 계약이라면 거래상대방 리스크를 피할 수 있는 가능성이 높기 때문이다.

돈을 받아두었다가 계약기간이 만료될 때 덜 돌려주거나 최대한 받아두었던 돈만 돌려줄 수 있다면 파생상품 계약은 그 기간 동안 투자이익을 통해 아무런 비용 없이 활용할 수 있는 레버리지가 될 수 있는 것이다. 물론 몇몇 계약은 시장이 불리하게 움직일 경우 담보 제시를 요구하긴 하지만 2008년 4분기와 같은 불리한 상황 속에서도 담보는 전체 투자 포트폴리오의 1% 미만으로 미미한 수준이었다고 한다. (물론 담보에 의해 발생하는 이자는 버크셔 해서웨이의 투자수입이다.)

즉 파생상품 계약도 결국은 보험과 같이 언더라이팅 문제인 것이다. 네 부문으로 분류되는 버크셔 해서웨이의 파생상품 계약은 다음과 같다

① 몇몇 주요 국가 주식시장 인덱스 풋옵션

계약기간이 15~20년이며 계약규모는 371억 달러에 달하며 S&P 500, FTSE

100, 유로 스톡스Euro Stoxx 50, 니케이Nikkei 225 지수에 대한 풋옵션이다. 첫 번째 계약의 만기는 2019년 9월 9일, 최종 계약의 만기는 2028년 1월 24일이다.

풋옵션 매도로 인해 받은 돈은 49억 달러이며 현재 투자자금으로 활용하고 있다. 블랙숄즈 모형을 통해 계산된 부채는 100억 달러이다. 즉 시가평가 mark to market로 계산해보면 51억 달러의 손실(100억 달러-49억 달러)을 보고 있는 셈이다.

만일 371억 달러의 계약이 모두 손실로 잡히려면 각 인덱스들이 0이 되어야 한다. 만일 25% 정도 하락한다면 90억 달러를 2019~2028년에 지불해야 하며 이 경우 49억 달러와 만료시기까지의 투자수익을 고려해서 손익을 계산해야 한다.

② 기업 신용 손실Credit Loss 관련 계약

5년 계약 기간, 100개 기업. 평균적으로 계약당 2.3년 정도 기간이 남았으며 2009년 9월 20일이 첫 만기, 2013년 12월 20일이 마지막 만기이다.

34억 달러를 받았으며 5억 4,000만 달러를 지급했다. 시가평가로 계산해보면 미래 가능손실 규모는 30억 달러로 약 1억 달러 정도 순손실로 잡혀 있다. 처음에는 만기에 이익을 낼 것으로 예상했으나 경기가 생각보다 좋지 않아 최종적으로 손실을 볼 가능성이 높아진 상태이다.

③ 기업에 대한 CDSCredit Default Swap

42개 기업, 40억 달러 규모 계약이며 연간 9,300만 달러의 보험료 수취. 버크셔 해서웨이 내 유일하게 거래상대방 리스크가 존재하는 파생상품 계약. 2008년도에 사업을 시작했으나 점점 보험판매자에게 담보 제시 요구가 높아지고 있어 더 늘려갈 계획은 없다.

④ 고객의 요청에 의한 비과세 채권보증

주정부 채권에 대한 보증이며 시가평가 기준으로 현재 6억 3,000만 달러 손실 기록 중이다.

워런 버핏은 가격 산정에 가격의 변동성이 반영되기 때문에 장기적인 계약에 대한 가격 산정에 오류가 있을 수 있음에도 불구하고 블랙숄즈 모형을 활용해서 계약들을 평가하고 있다. 이는 과거 많은 CEO들이 금융상품들에 대해 자신들만의 평가방법을 보수적으로 적용해서 아무런 문제가 없는 듯하게 만들었던 전례가 있어 워런 버핏 또한 자신의 방법으로 평가함으로써 논란을 일으키기가 싫기 때문이다.

정리 및 결론

2008년 주주편지를 통해 일관적으로 엿볼 수 있는 워런 버핏의 견해는 지금이 '투자 적기'라는 내용이 아닐까 싶다. 천문학적으로 시장에 풀린 유동성으로 향후 누구나 예상하고 있듯이 초인플레이션 시대가 올 것이고 인플레이션에 대해 대비가 안 되는 현금성 자산이나 국채에 돈을 묻어두는 행위에 대해 상당히 강력하게 비판하고 있기 때문이다.

물론 이러한 워런 버핏의 견해가 현재 시점에서 100% 정확하다고 확신하기는 어렵다. 나름대로 인플레이션에 대한 견해를 통해 유가의 고가행진이 지속될 것이라 예측하고 들어갔던 코노코필립스 투자에서 손실을 봤고 이를 실패한 투자로 본인이 인정하고 있기 때문이다. 하지만 시기의 문제일 뿐 현재의 금융상황이 시간이 지날수록 워런 버핏의 견해에 가깝게 갈 것이라는 부분에 대해서는 의심의 여지가 없다고 판단된다.

워런 버핏의 각종 투자를 통해 미래에 대한 낙관적인 마인드를 확인할 수 있었다. 결국 경제는 회복되어 기업들이 이익을 지속적으로 창출해낼 것이며 그러한 유보이익들이 주가를 끌어올릴 것이라는 믿음을 지켜나가고 있다. 또한 보험사업이나 파생상품에 대한 통찰이 나름대로 빛나는 한 해였으며 이는 워런 버핏의 평소 신조인 '오래 빌리고 짧게 빌려 준다'는 원칙이 투영된 결과라고 판단된다.

버크셔 해서웨이와 S&P지수 성과 비교

(단위 : 달러)

연도	연간 성장률(%)		상대 실적(1)-(2)
	버크셔의 주가 상승률(1)	S&P 500(2)	
1965	49.5	10.0	39.5
1966	-3.4	-11.7	8.3
1967	13.3	30.9	-17.6
1968	77.8	11.0	66.8
1969	19.4	-8.4	27.8
1970	-4.6	3.9	-8.5
1971	80.5	14.6	65.9
1972	8.1	18.9	-10.8
1973	-2.5	-14.8	12.3
1974	-48.7	-26.4	-22.3
1975	2.5	37.2	-34.7
1976	129.3	23.6	105.7
1977	46.8	-7.4	54.2
1978	14.5	6.4	8.1
1979	102.5	18.2	84.3
1980	32.8	32.3	0.5
1981	31.8	-5.0	36.8
1982	38.4	21.4	17.0

1983	69.0	22.4	46.6
1984	−2.7	6.1	−8.8
1985	93.7	31.6	62.1
1986	14.2	18.6	−4.4
1987	4.6	5.1	−0.5
1988	59.3	16.6	42.7
1989	84.6	31.7	52.9
1990	−23.1	−3.1	−20.0
1991	35.6	30.5	5.1
1992	29.8	7.6	22.2
1993	38.9	10.1	28.8
1994	25.0	1.3	23.7
1995	57.4	37.6	19.8
1996	6.2	23.0	−16.8
1997	34.9	33.4	1.5
1998	52.2	28.6	23.6
1999	−19.9	21.0	−40.9
2000	26.6	−9.1	35.7
2001	6.5	−11.9	18.4
2002	−3.8	−22.1	18.3
2003	15.8	28.7	−12.9
2004	4.3	10.9	−6.6
2005	0.8	4.9	−4.1
2006	24.1	15.8	8.3
2007	28.7	5.5	23.2
2008	−31.8	−37.0	5.2
2009	2.7	26.5	−23.8
2010	21.4	15.1	6.3
2011	−4.7	2.1	−6.8
2012	16.8	16.0	0.8

2013	32.7	32.4	0.3
2014	27.0	13.7	13.3
2015	−12.5	1.4	−13.9
2016	23.4	12.0	11.4
2017	21.9	21.8	0.1
2018	2.8	−4.4	7.2
2019	11.0	31.5	−20.5
2020	2.4	18.4	−16.0
2021	29.6	28.7	0.9
2022	4.0	−18.1	22.1
2023	15.8	26.3	−10.5
2024	25.5	25.0	0.5

1965~2024년간 연간 복합성장률			
	19.9%	10.4%	9.5%p
1964~2024년간 총성장률			
	550만 2,284%	3만 9,054%	

10 워런 버핏 주주편지 핵심 분석(2013)

2013년 주주편지는 최근 주주편지 중 버핏의 투자에 대한 통찰이 가장 잘 설명되어 있다. 핵심인 '투자에 대한 생각(Some Thoughts About Investing)'은 전문을 게재했다.

2013년 한 해 동안 버크셔의 자본총액은 18.2% 증가했다. 지난 49년 동안 자본총액은 연평균 19.7% 증가해왔다. 버크셔의 내재가치가 장부가치보다 훨씬 높다고 보고 있는데, 최근에 그 차이는 더 벌어졌다.

시장이 내려가거나 조금 오른 수준에서 버크셔는 시장 대비 좋은 성과를 내지만, 시장이 강세장일 경우 성과가 시장에 미치지 못하는 경우가 많다. 2013년 역시 그랬는데, 지난 49년 중 10번 정도 시장 대비 성과가 좋지 않았으며, 보통 S&P 지수가 15%를 넘어가게 되는 양상을 보일 경우가 그렇다.

성과 측정에 있어 상당히 중요하게 생각하는 5년간의 성과(2007~2013년)는 다행히 S&P를 초과했다.

2013년의 버크셔 해서웨이

- 약 180억 달러를 들여 NV에너지NV Energy를 인수했고, H. J. 하인즈H. J. Heinz의 주요 지분을 매입했다.

하인즈의 경우, 버크셔는 재무적 파트너로서 80억 달러 규모의 우선주(9% 이자 지급, 12%까지 증가)를 매입했으며, 3G 캐피털과 함께 보통주 지분 50%를 42.5억 달러에 인수했다. 하인즈 딜의 경우 PEF 딜과 비슷한 면이 있는데,

향후 버크셔가 해당 지분을 매각할 계획이 없다는 부분이 일반적인 PEF 딜과 다르다. 게다가 지분을 추가적으로 매입할 계획인데, 3G 캐피털의 일부 주주들이 향후 매각을 원한다면 버크셔가 받아줄 수도 있다.

• 버크셔의 5개의 발전소(Powerhouse Five, 버크셔 이익 기여도가 높은 5개의 비보험 자회사들 : 미드어메리칸MidAmerican, BNSF, 이스카Iscar, 루브리졸Lubrizol, 마먼Marmon)라고 할 수 있는 기업들은 2013년에는 108억 달러의 세전 이익을 거두었는데, 2012년보다 7.58억 달러 증가한 수치이다.

• 버크셔의 보험사업들은 2013년에 보험사업 자체에서 이익을 냈는데, 이는 11년째 계속되고 있다. 11년 동안 보험사업들은 투자의 기반이 되는 부동자금float을 410억 달러에서 770억 달러까지 늘려줬다. 마찬가지로 11년 동안 보험사업 자체 이익은 세전 기준으로 220억 달러를 거뒀는데 이는 1967년 지역 보험회사인 내셔널 인뎀니티National Indemnity를 860만 달러에 인수하면서 시작된 것이다.

자동차보험사 GEICO는 1995년에 버크셔가 지분 전부를 인수하게 되었는데, GEICO는 1996년 미국 자동차 보험 시장에서 7위를 했으나 현재 2위까지 올라왔다. 낮은 가격과 신뢰를 성공의 이유로 보고 있다.

• 버크셔에 동참한 헤지펀드 매니저 토드 콤스Todd Combs와 테드 웨슐러Ted Weschler는 총 70억 달러 이상의 자본을 운용 중인데, S&P 500 지수보다 성과가 좋았다.

• 투자 포트폴리오 내 주요 4개 종목(Big Four : 아메리칸 익스프레스American Express, 코카콜라Coca-Cola, IBM, 웰스파고Wells Fargo)에 대한 지분을 확

대했다. 웰스파고는 8.7% → 9.2%, IBM은 6.0% → 6.3%로 지분을 확대했다. 반면에 코카콜라와 아메리칸 익스프레스는 자사주 매입에 따라 지분율이 상승했는데, 코카콜라는 8.9% → 9.1%로, 아메리칸 익스프레스는 13.7% → 14.2%로 올라갔다. 0.1% 단위가 무슨 의미가 있느냐고 생각하는 사람들도 있겠지만, 0.1% 지분율이 올라갈 때마다 버크셔가 소유하는 이익은 5,000만 달러씩 올라간다는 것을 감안하면 결코 작지 않다. 4개의 기업들은 모두 훌륭한 사업을 영위하고 있고, 능력 있고 주주친화적인 경영자들이 경영하고 있다.

자산배분에서 지배지분은 아니지만 훌륭한 기업의 일부 지분 인수도 고려하는 유연성은 M&A만 고려하는 것보다 상당한 이득을 안겨준다. '양성애자가 유리한 것은 토요일 저녁에 데이트할 대상이 두 배 늘어나기 때문이다'고 말했던 우디 앨런의 말처럼, 끊임없이 창출되는 현금으로 좋은 투자 기회를 계속 찾아야 하는 버크셔의 입장에서 투자의 유연성은 상당한 이익을 안겨주게 된다.

버크셔의 주당 내재가치를 증가시킬 5가지 전략은 다음과 같다.

1) 자회사들의 기본적인 이익 기반 강화
2) 자회사 자체적인 M&A를 통해 이익 기반 확대
3) 투자 포트폴리오 내 기업들의 성장을 통한 수익
4) 내재가치 대비 할인되어 거래될 때 버크셔 자사주 매입
5) 가끔 아주 큰 규모의 M&A

100년이 지나도, BNSF와 미드어메리칸 에너지는 미국 경제의 주축을 담당할 것이며, 보험은 기업과 개인들에게 필수적인 사업이 될 것인데, 버크셔보다 뛰어난 인력과 재무적 환경을 제공할 수 있는 보험업체는 없을 것이다.

게다가 버크셔는 최소한 200억 달러의 현금성 자산을 운용하면서 어떤 경우

에도 상당한 규모의 단기적인 책임을 떠안지 않는 최고의 재무적 기반을 지속해 나갈 것이다. 이런 강점과 전망을 통해 버크셔를 지속적으로 성장시킬 것이다.

기업의 내재가치

2013년에 주당 투자자산은 13.6% 증가(주당 12만 9,253달러 규모)했고, 보험과 투자를 제외한 사업에서 창출된 세전 이익이 12.8% 증가(주당 9,116달러 규모)했다.

1970년 이후로 주당 투자자산은 연평균 19.3% 증가했는데, 자회사들이 창출한 이익은 20.6%씩 증가했다. 지난 43년 동안 버크셔 주가가 두 수치와 비슷하게 증가한 것은 우연이 아니다. 투자와 사업의 성장 모두 좋아하지만, 향후 사업에서 창출되는 영업이익을 견고히 하는 데 더 집중할 것이다.

보험사업

"보험사업에 대한 투자는 이익의 다각화를 향한 중요한 첫 걸음이다."

– 1967년 사업보고서

손해보험업(P/C보험)은 보험료를 미리 받아두고, 보험금을 나중에 지급한다. 극단적인 경우, 보험금 지급은 몇 십 년 후에 발생할 수도 있다. 이런 손해보험업의 사업적 특성은 필연적으로 큰 규모의 자금(부동자금)을 보유할 수밖에 없게 되는데, 보험회사는 이 자금을 투자함으로써 이익을 얻을 수 있다. 보험사업이 커질수록 부동자금의 규모도 커진다.

Years	Float (in $ millions)
1970	39
1980	237
1990	1,632
2000	27,871
2010	65,832
2013	77,240

GEICO는 확실히 부동자금이 성장했으나, 내셔널 인뎀니티의 재보험사업은 변동성이 있었다. 버크서가 영위하고 있는 보험사업의 특성은 현재 보유 현금 규모에 해당하는 큰 규모의 자금이 일시적으로 유출될 가능성이 낮다는 것인데, 이 부분이 일부 생명보험업과 다른 부분이다.

보험료 수입이 비용과 지급 보험금 규모를 초과하면 보험사업에서 이익이 발생하는데, 이런 경우 막대한 부동자금을 이자를 받으며 쓰는 셈이 된다. 불행히도 이런 모든 보험사들의 바람은 필연적으로 강도 높은 경쟁을 촉발시키며, 전체적으로는 보험사업에서 손실을 초래하게 된다. 스테이트 팜State Farm의 경우 2012년까지 12년 중 9년 동안 보험사업 손실을 기록했다. 이런 경쟁현실 때문에 보험사업은 다른 사업 대비 이익 수준이 낮아지게 된다.

지난 11년간 버크서는 보험사업에서 총 220억 달러의 이익을 거뒀는데, 향후에도 이런 이익 추세가 지속될 것으로 본다. 버크서 내 보험사업을 담당하고 있는 매니저들은 보험사업의 경쟁적 요소 때문에 언제든지 이익이 손실로 바뀔 수 있다는 점을 잘 이해하고 있다.

이런 부동자금이 어떻게 버크서의 내재가치에 기여하고 있는 것일까? 버크서의 장부가치를 계산할 때 부동자금은 유동부채에 계상된다. 하지만 일시에 빠져나갈 수 있는 '부채'로 계상하기보다 일종의 회전자금 성격으로 봐야 한다. 만일 부동자금을 활용하는 데 대한 비용이 없고, 향후에도 지속적이라면 이 유동부채에 대한 가치는 회계적으로 계상된 규모 대비 상당히 낮아지게 된다.

1985년 이래로 아지트 자인Ajit Jain은 지금까지 어떤 보험사 CEO도 해내지 못한 규모인 370억 달러의 부동자금과 상당한 보험사업 이익을 창출했다. 지난 6월 그는 BHSI(Bershire Hathaway Specialty Insurance)라는 특수보험 사업을 시작했다.

보험업에 있어 또 다른 동력은 태드 몬트로스Tad Montross에 의해 운영되는 제너럴 리General Re이다.

건전한 보험 사업은 다음 4가지 원칙을 고수해야 한다.

1) 손실이 발생할 수 있는 모든 경우를 이해해야 하고,
2) 손실이 실질적으로 발생하게 될 가능성을 보수적으로 산정하며,
3) 발생 가능한 손실과 영업비용이 커버되는 이익 수준을 기반으로 보험료를 산정하고,
4) 만일 적정한 보험료가 산정되지 않으면 그 계약은 포기해야 한다.

많은 보험사들이 세 번째 원칙까지는 잘 지키지만, 네 번째 원칙은 지키지 않는 경우가 많다. 경쟁사들이 공격적으로 인수하려고 하는 경우에도 물러서지 않는다. "경쟁사들이 한다면, 우리도 해야 한다"는 비즈니스 격언은 어떤 사업이든지 문제를 발생시키는데, 보험이라고 다르지 않다.

태드는 네 가지 원칙을 잘 지켜왔고, 이는 그의 성과를 통해 알 수 있다. 제너럴 리가 창출한 부동자금의 규모는 보험사업에서 이익을 내며 성취한 것이며, 이는 향후에도 지속될 것으로 판단된다. 특별히 제너럴 리의 해외 생명보

험 재보험사업에 대해 긍정적인데, 1998년 인수 이후 꾸준히 성장했고 수익을 창출해 왔다.

마지막으로 GEICO가 있다. 18살에 입사해서 2013년까지 52년을 헌신한 토니 나이슬리Tony Nicely가 경영하고 있는데, 그는 1993년에 CEO가 되었으며, 그 이후 GEICO는 엄청난 성과를 내고 있다.

GEICO의 비용 우위는 매년 시장점유율을 올려주고 있다. 저비용 구조는 경쟁자들이 절대 따라할 수 없는 '해자Moat'이다. 최근의 비용절감은 GEICO를 더욱 강하게 만들고 있다.

버크셔는 3개의 핵심 보험사 외에 작은 보험사들을 많이 소유하고 있다. 전체적으로 이런 보험사들도 보험사업에서 자체적인 이익을 창출하고 있으며, 상당한 규모의 부동자금을 기여하고 있다.

(in millions)	Underwriting Profit		Yearend Float	
Insurance Operations	2013	2012	2013	2012
BH Reinsurance	1,294	304	37,231	34,821
General Re	283	355	20,013	20,128
GEICO	1,127	680	12,566	11,578
Other Primary	385	286	7,430	6,598
	3,089	1625	77,240	73,125

규제, 자본집약사업

"비록 유틸리티 산업에는 많은 규제가 있으나, 추가적인 기회를 발견할 수 있다. 만일 그렇게 된다면, 그 규모는 상당할 것이다."   - 1999년 사업보고서

이 분야에는 BNSF와 미드어메리칸 에너지가 있는데, 다른 자회사들과 다른

특징이 있다. 가장 특징적인 부분은 사업을 지속하기 위해 일부 버크서가 보증하지 않는 부채를 끌어와서라도 큰 규모의 투자를 해야만 한다는 것이다. 버크서의 보증이 필요하지 않는 이유는, 둘 다 아무리 좋지 않은 경기 상황에서라도 이자비용을 초과하는 이익을 창출할 수 있는 능력이 되기 때문이다.

미드어메리칸이 어떤 경기 상황에서도 채무를 감당할 수 있는 이유는 두 가지가 있다. 먼저 모든 유틸리티 업체에 해당하는 부분인데, 필수적인 서비스를 배타적으로 제공하기 때문에 이익 수준이 불황에 큰 타격을 받지는 않는다. 그리고 이익 원천이 다각화되어 있기 때문에 한 번에 큰 손실을 볼 가능성이 낮은데, 이는 소수의 업체들에 한정된 부분이다.

BNSF는 모든 도시간 화물의 15%를 담당한다. 사실 톤-마일 기준으로 BNSF는 가장 많은 물동량을 책임지는데, 미국 경제의 가장 중요한 동맥의 역할을 감당하고 있다. 2013년에도 이러한 지위는 지속되었다.

1갤런의 디젤로 톤당 500마일 수준의 고연비와 환경친화적인 방식으로 화물을 운송하는데, 만일 트럭으로 같은 양의 화물을 운송한다면 4배 수준의 연료가 소모될 것이다.

미드어메리칸은 11개 주에 전기를 공급한다. 미드어메리칸이 미국 내 가장 넓은 지역을 커버하고 있다.

미드어메리칸은 이익을 모두 유보하기 때문에 이런 투자들이 가능하다. 2013년 미드어메리칸은 미국 전기 업체 중 가장 큰 규모의 이익을 유보했다. 이런 추세는 향후 지속될 예정인데, 버크서와 규제당국은 이런 부분을 미드어메리칸의 가장 중요한 강점으로 판단하고 있다.

2013년에 52개 전기 공급 업체들과 그 아래 101개 자회사들을 대상으로 진행된 고객 만족도 조사결과를 보면, 미드어메리칸이 얼마나 사업을 잘 영위하고 있는지 알 수 있다. 1위를 차지했는데, 95.3%의 응답자가 "아주 만족한다"

고 평가했으며, "불만족"이라고 평가한 고객은 없었다. 조사에서 가장 낮은 만족도 비율은 34.5%였다.

MidAmerican (89.8% owned)

	Earnngs(in millions)		
	2013	*2012*	*2011*
U.K.utilities	362	429	469
Iowa utility	230	236	279
Western utilities	982	737	771
Pipelines	385	383	388
HomeServices	139	82	39
Other(net)	4	91	36
Operating earnings before corporate interest and taxes	2102	1,958	1,982
Interest	296	314	336
Income taxes	170	172	315
Net earnings	1,636	1,472	1,331
Earnings applicable to Berkshire	1,470	1,323	1,204

BNSF

	Earnngs(in millions)		
	2013	*2012*	*2011*
Revenues	22,014	20,835	19,548
Operating expenses	15,357	14,835	14,247
Operating earnings before interest and taxes	6,657	6,000	5,301
Interest(net)	729	623	560
Income taxes	2,135	2,005	1,769
Net earnings	3,793	3,372	2,972

제조, 서비스 및 소매사업

"저 가게를 좀 봐." 워런은 네브래스카 가구점을 가리키며 말했다. "정말 대단한 사업이야."

"인수해보는 건 어때?" 내가 말했다.

"개인사업체야." 워런은 대답했다.

"아"

"어떻게든 인수하게 되겠지." 워런은 말했다. "언젠가."

— 애덤 스미스, 『수퍼머니Supermoney』(1972)

무형자산 상각분 중에서는 소프트웨어와 같이 실질적인 비용 성격이 있는가 하면, 고객 관계와 같이 가치가 지속되는 부분도 존재한다. 하지만 회계원칙은 그런 부분을 구분하지 않고 모두 비용으로 상각한다. 버크셔의 무형자산 상각분 6.48억 달러 중 20% 정도는 실제 비용이지만, 나머지는 그렇지 않다.

이번 섹션에 해당하는 기업들은 사탕부터 시작해서 비행기까지 사업영역이 다양하다. 어떤 기업들은 순자산 대비 세후 25%에서 100%의 이익을 시현하며, 다른 일반적인 기업들은 12~20% 정도의 이익을 거둔다.

2013년 동안 약 250억 달러의 순자산으로 세후 16.7% 수준의 이익을 거뒀으니, 이 그룹을 하나의 기업으로 보자면, 전체적으로 훌륭하다.

물론 아무리 좋은 사업이라도 과도한 가격을 지불하면 그것은 나쁜 투자라고 할 수 있다. 대부분의 인수에서 순자산 대비 상당한 프리미엄을 지불했는데, 그럼에도 불구하고 괜찮은 수준의 이익을 거두고 있다. 게다가 보험사업과 규제산업의 내재가치 대비 장부가치의 차이에는 미치지 못하지만, 나름 내재가치가 장부가치를 크게 초과한다.

금융 및 금융상품

"클레이튼 홈즈의 대출 규모는 수년 내 최소한 50억 달러까지 성장할 가능성이 있다. 건전한 대출이 실행된다면 상당한 이익을 가져다줄 것이다."

– 2003년 사업보고서

클레이튼 홈즈는 32만 6,569 모기지 계약을 보유하고 있는데, 총 136억 달러 규모이다. 조립식 주택 판매사업은 위축되었으나, 모기지 사업을 통해 수익을 내고 있다.

2013년에는 주택 판매도 증가하기 시작했고, 두 사업부에서 모두 이익을 내기 시작했다. 클레이튼 홈즈는 미국 내 1위 주택 건설업체인데, 미국 내 주택시장의 4.7%를 점유하고 있다. 경영자인 케빈 클레이튼은 금융위기 동안 훌륭하게 운영해왔고, 2014년에는 추가적인 이익마저 기대된다.

투자 부문

"버크셔 주식 포트폴리오의 가치는 장부가치(원금) 대비 1,700만 달러 정도 적다. 그러나 장기적으로 장부가치를 초월하게 될 것이라 믿는다."

– 1974 사업보고서

Shares	Company	Percentage of Company Owned	Cost	Market
		(im millions)		
151,610,700	American Express Company	14.2	1,287	13,756
400,000,000	The Coca-Cola Company	9.1	1,299	16,524
22,238,900	DIRECTV	4.2	1,017	1,536
41,129,643	Exxon Mobil Corp.	0.9	3,737	4,162
13,062,594	The Goldman Sachs Machines Corp.	2.8	750	2,315
68,121,984	International Business Machines Corp.	6.3	11,681	12,778

24,669,778	Moody's Corporation	11.5	248	1,936
20,060,390	Munich Re	11.2	2,990	4,415
20,668,118	Phillips 66	3.4	660	1,594
52,477,678	The Procter & Gamble Company	1.9	336	4,272
22,169,930	Sanofi	1.7	1,747	2,354
301,046,076	Tesco plc	3.7	1,699	1,666
96,117,069	U.S. Bancorp	5.3	3,002	3,883
56,805,984	Wal-Mart Stores, Inc.	1.8	2,976	4,470
483,470,853	Wells Pargo & Company	9.2	11,871	21,950
	Others		11,281	19,894
	Total Common Stocks Carried at Market		56,581	117,505

뱅크 오브 아메리카Bank of America 보통주 7억 주를 2021년 9월까지 50억 달러에 매수할 수 있는 옵션을 보유하고 있다. 2013년 말 기준으로 109억 달러 규모이며, 만기 전에 옵션을 행사할 가능성이 높다.

상장 주식 외에 채권에도 투자하고 있는데, 대체로 괜찮은 수익을 내고 있지만 에너지 퓨처 홀딩스Energy Future Holdings(EFS)와 관련해서는 그렇지 않다. 2007년도에 EFH는 80억 달러와 추가로 상당한 부채를 일으켜서 텍사스의 전기시설을 차입 매수했다. 버크셔는 20억 달러 정도의 채권을 매입했는데, 멍거의 조언을 듣지 않은 것이 화근이었다.

천연가스 가격이 오르지 않는다면, EFH는 2014년에 거의 파산할 가능성이 높은 상황이다. 2013년 버크셔는 보유 채권을 2.59억 달러에 매각했는데, 그동안 이자로 회수한 8.37억 달러를 감안하면 전체적으로 8.73억 달러 손실을 보게 되었다.

유틸리티 자회사들의 사업 목적상 보유하고 있는 파생계약을 제외하고 한동안 투자 목적의 파생상품 계약을 새로 체결하는 일은 없었다. 만기가 지난 계약들은 대체로 수십억 달러의 부동자금과 같은 역할을 해줬을 뿐만 아니라 이익도 제법 크게 났다. 단언할 수는 없지만, 현재 장부에 계상되어 있는 계약들도 좋은 결과가 기대된다.

투자에 대한 생각

> 투자는 사업과 근접한 모습을 지닐 때 가장 현명해진다.
>
> – 벤저민 그레이엄, 『현명한 투자자』

투자의 지식에 관해 벤저민 그레이엄에게 많은 부분 신세를 지고 있기 때문에 벤저민 그레이엄의 말로 시작하는 게 맞을 것 같다. 벤저민 그레이엄과 보통주 투자에 관한 이야기는 차지하고, 오래 전에 실행한 바 있는, 주식과 관련 없는 두 가지 투자 이야기로 이번 섹션을 시작하려 한다. 의미 있는 규모는 아니지만, 상당히 배울 점이 많은 사례다.

1973년부터 1981년까지 미 중부지역은 인플레이션에 대한 기대감과 작은 지역은행들의 공격적인 대출기준에 의해 농장가격의 폭등을 경험하게 되었다. 이후 버블은 터졌고, 가격은 50% 이상 폭락했으며, 부채를 끌어다 매입한 농민과 농장주들은 파산하게 되었다. 당시 아이오와와 네브래스카 지역은행들의 파산 규모는 최근 금융위기의 1/5 수준이었다.

1986년에 나는 오마하로부터 50마일 떨어진 곳에 위치한 400에이커의 농장을 미국 예금보험공사로부터 매입했다. 28만 달러 정도 들었는데, 몇 해 전에 파산한 은행이 대출해준 규모에 한참 못 미치는 규모였다. 나는 농장 운영에 관해서는 문외한이었는데, 단지 농사를 좋아하는 아들을 통해서 그 농장에서 옥수수와 콩이 어느 정도 수확되고, 비용은 얼마인지 정도를 들을 뿐이었다. 이 설명을 통해 그 농장은 대략 10% 정도의 이익이 기대되는 상황이었는데, 향후 생산성이 올라갈 가능성이 높아보였고, 농산물 가격도 같이 올라갈 것으로 보았다. 이런 전망은 맞아떨어졌다.

나는 특별한 지식 없이도 이 농장에 대한 투자가 하락 가능성이 없고, 상당히 높은 수익을 거둘 가능성이 있다고 결론 내릴 수 있었다. 물론 가끔 수확량이 적을 수도 있고, 가격이 실망스럽게 떨어질 때도 있겠지만, 아무런 상관이 없었다. 28년이 지난 지금, 농장은 매입 당시 대비 연간 3배가 넘는 이익을 거두고 있고, 가격은 5배 이상 뛰었다. 여전히 나는 농사에 대해 아는 것이 없으며, 두 번 정도 농장에 가봤을 뿐이다.

1993년도에 내가 살로몬의 CEO로 있을 때, 대주주인 래리 실버스테인Larry Silverstein이 뉴욕대학교 근처에 상업 용지를 하나 추천해주어서 투자한 바 있다. 정리신탁공사Resolution Trust Corp(RTC)가 매각을 진행 중이었는데, 당시는 상업용 부동산과 관련해서 버블이 터진 상황이었다. RTC는 공격적인 대출 관행으로 파산한 저축대부조합들이 자산을 처분하기 위해 설립된 회사였다.

이번 투자도 역시 간단한데, 농장 건과 같이 부동산으로부터 기대되는 이익 수준은 약 10% 수준이었다. 그러나 RTC에 의해 관리되고 있는 부분과 몇몇 공실들이 채워진다면 창출되는 임대수익 규모가 더 증가할 수 있는 부분이 달랐다. 게다가 20% 정도의 공간을 임차하고 있던 세입자가 임대료로 1제곱피트당 5달러를 지불하고 있었는데, 다른 세입자들은 평균적으로 70달러를 지불하고 있었다. 9년 후 그 세입자의 임대차 계약이 종료되면 임대수익이 급증할 것은 확실했다. 부동산 위치도 아주 훌륭했는데, 뉴욕대학교가 이전할 가능성은 없었기 때문이다.

나는 래리와 내 친구 프레드 로즈Fred Rose로 구성된 투자그룹에 참여했다.

프레드는 경험이 많고 노련한 부동산 투자자이며, 그 부동산을 직접 관리했다. 5달러짜리 임대차 계약이 종료되면서 임대수익은 3배가 되었다. 연간 배당은 현재 원금의 35%가 넘는다. 게다가 1996년과 1999년에 원금이 리파이낸싱되었는데, 몇 번의 특별배당으로 원금의 150%가 넘는 금액을 수취했다.

농장과 뉴욕대학교 부동산에서 유입되는 수익은 향후 지속적으로 증가할 가능성이 높다. 급격한 증가는 아닐지라도, 두 건의 투자는 앞으로도 나와 내 자녀 및 손자들에게 안전하고 만족스러운 투자가 될 것으로 믿고 있다.

다음은 이 이야기를 통해 전달하고자 하는 투자의 기본적인 사항들이다.

- 만족할 만한 투자 수익을 거두기 위해 전문가가 될 필요는 없다. 투자 전문가가 아니라면, 스스로의 한계를 자각하고 합리적으로 잘 할 수 있는 방법을 따라야 한다. 투자 대상을 단순화하고 아무데나 방망이를 휘두르면 안 된다. 누군가 빠른 이익을 약속한다면 빠르게 "No"라고 대답해라.

- 투자 대상으로 고려하는 자산이 미래에 창출하게 될 이익에 집중하라. 자산이 창출하게 될 미래 이익 전망에 대해 대략적으로라도 그려보기 어려운 상황이라면, 그냥 잊고 다른 투자 기회를 찾아보라. 모든 투자 기회를 판단할 수 있는 사람은 세상에 존재하지 않는다. 전지전능할 필요는 없으며, 그저 하고 있는 것이 무엇인지 아는 것으로 족하다.

- 만일 매수한 대상의 가격 전망에만 관심이 많다면 투기를 하고 있다고 봐도 된다. 나는 성공적으로 투기를 할 능력이 없으며, 누구도 투기로 지속적인 성과를 낼 수 있다고 믿지 않는다. 확률상 동전 던지기에 베팅하는 사람 중 절반은 첫 번째 던지기에서 돈을 딸 것이다. 그러나 동전 던지기가 계속될수록 아무도 돈을 따지 못하게 될 것이다. 따라서 최근에 가격이 올랐다는 사실은 매수의 이유가 되지 못한다.

• 두 건의 부동산 투자에서 나는 그 부동산이 창출하게 될 수익에만 집중하였을 뿐, 매일 매일의 가격은 신경 쓰지 않았다. 경기에서 이기려면 선수는 점수판보다 경기에 집중해야 하는 법이다. 주가를 보지 않고도 주말을 즐길 수 있다면 주중에도 그렇게 해보길 바란다.

• 경기에 대한 견해나 시장 예측에 대한 이야기를 참고하는 것은 시간 낭비일 뿐이다. 사실, 정말 중요한 부분에 집중하는 데 오히려 방해가 될 수 있어 위험하다. (TV에서 전문가들이 시장이 향후 어떻게 될지에 대해 지껄이는 이야기를 들을 때마다 미키 맨틀Mickey Mantle의 핵심을 찌르는 말 한마디가 생각난다. "방송을 해본다면 이게 얼마나 쉬운 일인지 알 수 있을 것이다.")

• 두 건의 투자는 1986년과 1993년에 단행되었는데, 각각 그 다음해의 경제상황이나 이자율, 주식시장에 대한 전망은 투자하는 데 아무런 도움이 되지 못했다. 그 당시 헤드라인이나 전문가들이 뭐라고 했는지 기억나는 게 없다. 그들이 뭐라 말하든, 옥수수는 네브래스카에서 계속 자랄 것이고, 학생들은 뉴욕대에 계속 다닐 것이라는 점은 확실했다.

주식 투자는 이 두 건의 부동산 투자와 다른 부분이 있는데, 주식은 매 순간마다 가격을 확인할 수 있는데 부동산은 그렇지 않다는 것이다.

사실 가격의 변동성은 주식투자자에게 상당한 이익 기회를 가져다준다. 변덕스러운 이웃이 날마다 내 부동산이나 그의 부동산 가격을 외쳐댄다면, 그 가격은 그의 정신 상태에 따라 좌우될 수 있다. 제시하는 가격이 말도 안 되게 낮은데 현금을 보유하고 있다면 사면 되고, 가격이 높다면 농장을 넘기면 된다.

주식투자자들은 종종 동료 투자자들의 변덕스런 행동에 따라 비이성적인 모습을 보여줄 때가 있다. 시장이나 경제, 이자율, 주가에 대한 의견들이 난무하다보니, 몇몇 투자자들은 그런 전문가들의 이야기를 들어야 한다는 강박관념을 갖게 되며, 그런 의견들에 기반해서 투자해야 한다는 생각을 갖게 된다.

농장이나 아파트와 같은 부동산에는 오랜 기간 흔들림 없이 투자하는 사람들도 변덕스런 주가 흐름이나 전문가들의 "뭐라도 해라"는 의견에는 쉽게 흔들리는 경우가 많은데, 이런 투자자들에게 유동성은 저주가 될 수 있다.

엄청난 시장의 변동성은 앞서 언급한 변덕스럽고 수다스러운 농장 이웃에 비하면 투자자에게 미치는 악영향이 작다고 볼 수 있다. 사실 시장의 폭락은 현금을 들고 있는 투자자에게 진정한 기회를 제공해준다. 시장의 두려움은 투자의 친구이며, 시장의 낙관은 투자의 적이다.

2008년 말 금융위기의 절정에서 심각한 경기불황이 확실하게 눈앞에 보이는 상황 속에서도, 나는 농장이나 뉴욕 부동산을 팔아야겠다는 생각을 해본 적이 없다. 미래 전망이 아주 좋은 사업을 100% 소유하고 있는데, 그런 상황에서 조금이라도 팔겠다는 것은 내게 바보 같은 생각일 뿐이다. 대단한 사업을 일부 소유하고 있는 상황에서도 마찬가지다. 전체 포트폴리오 내 몇몇 종목들은 실망스러울 수 있겠지만, 전체적으로는 확실히 괜찮을 것이다. 미국 내 생산성이 아주 높은 자산과 무한한 인적 자본의 가능성을 통째로 집어 삼킬 정도의 일이 지구상에 발생하리라고 장담할 수 있는 사람은 아마 없을 것이다.

멍거와 나는 주식을 매수할 때나 사업을 100% 인수할 때나 적용하는 분석방법은 동일하다. 먼저 합리적으로 향후 5년에서 그 이후까지 창출할 수 있는 이익 규모에 대해 추정할 수 있는 사업인지 판단한다. 그리고 추정의 하단에 근거하는 가격대가 왔을 때 주식을 매수한다. 그러나 미래에 거두게 될 이익 규모를 추정할 수 없을 때는 그저 다른 사업을 찾아볼 뿐이다. 54년간 함께 일하면서 한 번도 경기 전망이나 정치적인 환경, 다른 전문가들의 의견 때문에 주식을 사본 적이 없다. 사실 이런 부분은 멍거와 내가 주식 투자를 이야기할 때 논의조차 되지 않는 부분이다.

자신의 능력 범위circle of competence를 알고 그 안에서 뭔가를 한다는 것은 상당히 중요하다. 나는 사실 그 안에 머물러 있어도 주식투자나 M&A에서 때때로 실수를 저지르곤 한다. 그러나 대세 상승이 예상되기 때문에 주가가 향후 오를 것이라는 믿음이나, 단지 다른 사람들이 사줄 것이라는 생각만으로 투자했을 때 직면하게 되는 큰 실패에 비하면 작은 수준일 것이다.

물론 대부분의 투자자들은 본인의 현업을 제쳐두고 비즈니스를 공부하는 데 시간을 많이 할애하기가 어렵다. 현명하다면, 향후 미래 이익을 추정하기 어려운 사업들도 있다는 것을 인정하게 될 것이다.

이런 비전문적인 투자자들을 위해 좋은 소식을 전하고 싶다. 전체적으로 볼 때, 미국 기업들은 과거 오랜 시간 상당히 잘해왔고, 예측할 수 없는 일들이 발생하겠지만 향후에도 그럴 것이라고 볼 수 있다. 20세기 들어 다우존스지수는 배당은 별도로 하더라도, 66에서 11,497까지 올랐다. 21세기에도 이런 상승세는 지속될 것이고 아마 그 규모는 상당할 것이다. 비전문적인 투자자들은 전문가들도 잘 못하는, 소위 잘 나가는 회사를 선택하는 것을 목표로 해서는 안 되고, 오히려 전반적으로 사업을 잘 영위해 나갈 수 있는 기업들의 그룹을 선택하는 것을 목표로 해야 한다. 낮은 비용의 S&P 500 인덱스펀드는 좋은 대안이 될 것이다.

시기 또한 중요한데, 초보 투자자들의 문제는 시장에 긍정적인 견해가 늘어날 때 진입하고, 손실을 보고 나온다는 것이다. (바톤 빅스Barton Bigg의 말을 빌리면 "강세장은 성경험과 같은데, 끝나기 전이 가장 절정이라는 것이다.") 이런 부분에 대한 대안은 장기적으로 주식을 조금씩 사서 모으고, 절대 나쁜 뉴스나 많이 올랐다고 팔지 않는 것이다. 비전문적인 투자자가 이런 부분을 따른다면, 만족할 만한 수익을 거둘 수 있을 것이다. 사실 본인의 단점을 알고 있는 비전문가가 장기적으로 작은 단점이라도 무시하는 전문가보다 더 나은 성과를 낼 가능성이 높다.

투자자들이 정신없이 서로 농장을 사고팔기만 한다면, 그 농장에서 창출하는 수익이나 곡물의 가격은 절대 오르지 않을 뿐더러 수반되는 비용으로 인해 전체적인 이익은 감소할 수밖에 없다.

그럼에도 불구하고 거래 자체로 이익을 얻는 사람들로 인해 개인이나 기관들은 끊임없이 사고판다. 그로 인한 거래 비용은 수익을 좀먹게 된다. 그러니 전문가라고 하는 사람들의 의견을 듣지 말고 비용을 최소화하면서 농장에 투자하듯이 주식에 투자하라.

내 돈은 내가 말한 바와 정확히 일치하게 운용된다. 내 자산의 대부분인 버크셔 주식은 전부 자선단체에 기부되었기 때문에, 내 아내를 위한 유산은 현금으로 지급된다. 10%는 단기 정부 채권에 투자하고, 90%는 가장 비용이 낮은 S&P 500 인덱스펀드(뱅가드를 추천했다)에 투자되도록 했는데, 비용 측면을 고려하면 연금이나 기관 및 개인투자자들을 포함한 웬만한 투자자들보다 장기적으로 더 나은 성과를 낼 것으로 생각한다.

벤저민 그레이엄으로 다시 돌아가자면, 나는 투자에 있어 대부분을 1949년도에 구입한 벤저민 그레이엄의 『현명한 투자자』를 통해 배웠고, 내 투자 인생은 그 이후로 바뀌었다.

벤저민 그레이엄의 책을 읽기 전에 나는 투자세계에서 방황하고 있었다. 당시 어떤 내용의 자료든 닥치는 대로 읽었는데, 대부분 재미는 있었다. 또한 주가를 예측하기 위해 직접 차트도 그려보고 했다. 객장에 앉아서 주가를 보며, 전문가들의 이야기를 듣곤 했다. 이 모든 것들이 재미있었지만, 내가 지금 제대로 하고 있는지에 대한 확신을 갖기가 어려웠다.

반면에 그레이엄의 투자철학은 논리적이고, 이해하기 쉬운 산문으로 쓰여 있었다. 가장 중요한 부분은 개정판의 8장과 20장(초판에서는 순서가 다르다)인데, 오늘날 내 투자철학을 이끈 중요한 부분이다. (8장은 미스터 마켓, 20장은 안전마진에 관한 내용이 소개되어 있다.)

책과 관련해서 재밌는 이야기를 좀 하자면, 개정판에는 그레이엄에게 큰 투자수익을 안겨준 투자에 대해 언급되어 있지만 그 기업이 소개되어 있지는 않은데, 1948년 초판을 막 작성 중일 때 매수한 기업은 바로 GEICO였다. 만일 그레이엄이 GEICO 초창기에 특별한 부분을 발견하지 못했다면, 나와 버크셔의 미래는 많이 달라졌을 것이다.

1949년 개정판은 당시 주당 10달러의 순이익을 거두고 있었지만 17달러에 거래되던 철도 주식에 대해서도 언급하고 있다. (본인이 직접 투자한 사례를 들고 있고 조금이라도 실수가 있으면 비판을 겸허히 받아들이는 모습이 그레이엄을 존경하는 이유 중 하나다.) 당시 주가가 낮게 평가 받은 이유는 자회사에서 거둬들이는 막대한 이익이 회계상 본사 이익에 계상되지 않았기 때문이다.

당시 그레이엄이 추천한 철도주는 노던 퍼시픽Northern Pacific으로 가장 중요한 자회사는 시카고, 벌링턴 앤 퀸시Chicago, Burlington and Quincy였다. 이 자회사는 버크셔가 현재 소유하고 있는 BNSF(Burlington Northern Santa Fe)의 중요한 부분이다. 그 책을 읽을 당시 노던 퍼시픽의 시가총액은 4,000만 달러 수준이었는데, 현재 BNSF는 4일마다 그 수준의 이익을 벌어들이고 있다.

『현명한 투자자』의 초판을 얼마에 구입했는지 기억나지는 않는다. 책값에 상관없이 그 책을 구입하는 것 자체가 "가격은 당신이 지불하는 것이고, 가치는 당신이 얻는 것이다"라는 그레이엄의 격언을 더 강조하는 행위가 되었다. 내가 해온 모든 투자 중에 그레이엄의 책을 구입한 것이 내 두 번의 결혼식을 제외하고 최고의 투자였다.

연방 및 주 정부의 재정 상태가 안 좋아지고 있는데, 대부분 감당할 수 없는 연금 때문이다. 공무원들은 일반적으로 실현되기 어려운 연금 계약이 초래하게 될 엄청난 재정적 문제를 과소평가하는 경향이 있다. 불행하게도 연금 구조는 오늘날 대부분의 미국인들에게 명확하지 않은 상태로 남아 있다.

물론 이런 문제들은 투자 정책에 큰 영향을 받는다. 1975년도에 워싱턴 포스트의 대주주였던 캐서린 그레이엄에게 연금 계약의 위험과 투자정책의 중요성에 대해 메모를 통해 이야기한 바 있다.

향후 10년간 공공연금에 대해 좋지 않은 뉴스를 많이 듣게 될 것이다. 연금과 관련해서 적절한 방안의 즉각적인 실행이 필요하다는 점을 이해하는 데 내가 캐서린 그레이엄에게 보냈던 메모가 도움이 되길 바란다.

정리 및 분석

표면적으로 2013년 한 해 동안 S&P 500이 32.4% 증가한 데 비해 버크셔의 자본총액은 18.2% 증가하는 데 그쳤다. 2012년에 이어 2년 연속 벤치마크 지수를 초과해서 성과를 달성하지 못한 상태이다. 하지만 강세장에서는 따라잡지 못하더라도 약세장에서는 확실히 지수보다 좋은 성과를 냄으로써 전체적으로 복리효과를 극대화하려는 운용을 목표로 하고 있기 때문에, 지난 2년간 지수 자체가 강세장의 모습을 보여준 부분을 감안하면 어느 정도 예상되었던 결과라 할 수 있다. 다만 버핏이 가장 중요하게 생각하는 5년간의 성과에서는 S&P를 초과했다.

후반부에 본인의 부동산 투자를 예로 들며 소개된 투자와 관련된 조언은 이번 주주편지의 압권이다. 투자자들이 진짜 중요하게 여겨야 할 내용을 개인적인 실제 투자사례를 통해 강조하고 있다. 투자철학이 흔들릴 때마다 반복해서 읽어보면 큰 도움이 될 것이다. 또한 버크셔의 주축이 되는 사업을 설명하는 전반부 부분에서도 배울 점이 많다.

　탁월한 저비용 영업구조를 기반으로 1996년 인수 당시 업계 7위에서 2013년 올스테이트All-state를 제치고 2위까지 올라선 GEICO에 대한 설명은 차치하고, 버크셔가 영위하고 있는 재보험사업에 대한 설명을 통해 버크셔가 오늘날 글로벌 1위 재보험사업자가 될 수밖에 없는 이유를 명확히 알 수 있다.

　버핏은 아지트 자인이라는 탁월한 보험 전문가를 통해 재보험업의 본질을 정확히 꿰뚫고 있는 듯 했다. 아지트는 독자적 사고를 기반으로 경쟁업계 누구도 생각하지 못하고, 할 수도 없었던 보험물건들을 적절한 보험료 산정과 함께 인수하면서 자본력을 키워왔으며, 그런 부분이 선순환되어 버크셔의 재보험사업부를 세계 1위의 반열에 올려놓았다. 독자적인 보험계약이고, 경쟁사가 감히 뛰어들기 어려운 수준의 자본력을 필요로 하다 보니 자연스럽게 유리한 조건으로 보험료를 산정할 수 있게 되며, 보험사업에서 이익을 내게 되고 이는 다시 자본력을 견고하게 해줌으로써 누구도 할 수 없는 계약을 인수할 수 있는 조건을 만들게 된다. 아지트 자인은 그의 팀과 함께 단지 독자적인 계약을 만들어내고 적정한 보험료만 산정해내면 되는 것이다.

　미드어메리칸과 BNSF에 관해 설명하는 부분을 통해서는 버핏의 유연성을 확인할 수 있다. 일반적으로 사모펀드가 유틸리티 업체들을 인수하게 되면, 비용절감에 주력하게 되고 배당을 통해 초기에 이익을 빼내면서 투자원금을 회수하는 데 혈안이 된다. 그러다 보니 투자자금이 부족하게 되고 적절하게 투자를 집행하지 못하게 되어, 서비스의 질이 떨어지게 된다.

　그런데 버핏은 오히려 투자재원으로 활용하기 위해 이익을 100% 유보할 뿐만 아니라, BNSF의 경우 감가상각비의 2배 수준의 투자를 진행하고 있다. 게다가 지속적으로 관련 유틸리티 업체들을 인수하면서 사업을 확장하고 있다.

　버핏이 설명하는 이유를 살펴보자. 미드어메리칸과 같은 전기공급사업은 규제사업이다. 즉 규제당국의 허가를 받아야 정해진 영역에서 사업을 영위할 수 있으며, 성장을 하려면 지속적으로 다른 지역의 사업권을 따내는 것이 필수적이다.

서비스에 대한 고객만족도가 높아서 지역 여론상 유리하게 되면 다른 지역의 규제당국에도 어필하게 되어, 입찰 시 사업을 따내게 되거나 M&A 시 규제당국의 승인을 받게 될 가능성이 높아진다. 고객만족도를 높이기 위해서는 서비스의 질을 높여야 하며, 때문에 필연적으로 투자를 단행할 수밖에 없다.

또한 투자규모상 큰 규모의 차입이 필연적인데, 이자비용을 고려하면 신용평가가 상당히 중요하다. 사업을 지속적으로 확장하여 이익의 원천을 다각화해 놓으면 신용평가를 받을 때 사업의 안정성 차원에서 유리하며, 이는 실질적으로 막대한 이자비용을 줄여주는 효과를 낳는다.

즉 '투자' → 서비스 질 상승 → 고객만족도 증가 → 규제당국 사업권 어필 → 타 지역 사업권 진출 → 이익 안정성 확대 → 신용평가 상승 → 이자비용 감소 → '투자 확대'의 선순환 구조를 만들기 위해서는, 당장 이익을 유보하더라도 투자에 무게를 둬야 하는 것이다. 버핏은 투하자본 대비 이익이 만족할 만한 수준으로 유지되는 한 계속하겠다고 밝히고 있다.

처음 버크셔가 미드어메리칸을 인수할 당시 바닥을 기던 고객만족도는 현재 업계 1위 수준으로 올라왔으며, 미드어메리칸은 미국에서 가장 넓은 지역을 커버하는 전기공급업체로 거듭난 상황이다. 평소 감가상각비를 초과하는 투자가 수반되는 사업을 선호하지 않았고, CAPEX 투자 자체를 꺼려하기도 했으나 비즈니스 모델의 특성을 고려해서 핵심을 짚어내고 실천해가는 버핏의 '유연성'이 돋보이는 대목이다.

기업에 투자할 때 해당 기업의 경쟁우위에 집중하는 모습뿐만 아니라 자신이 직접 인수한 기업들도 그 사업의 핵심을 파악하고 경쟁 우위(해자)를 구축함으로써 강한 기업으로 만들어 내는 부분이 인상적이다.

버핏의 개인적인 부동산 투자를 통해서도 알 수 있지만, 버핏은 변하지 않는 것에 투자한다. 보험에 가입하기는 싫지만 운전을 하는 이상 보험에 가입할 수밖에 없는 현실(GEICO)에 투자하며, 거대한 자본력에 의지해야 하는 보험 계약은 존재할 수밖에 없고(재보험사업), 경제가 발전하는 한 물동량은 늘어날 수밖에 없으며(BNSF), 전기를 사용할 수밖에 없는(미드어메리칸) 변하지 않을 현실 말이다. 부동산 투자 또한, 남들이 뭐라 하건 농장에서 옥수수는 자라고 가격은 지속적으로 상승할 것이며, 뉴욕대학교는 그 자리에 그대로 있을 것이라는 확실성에 투자한다. 다만 투자에서 실질적으로 이익을 내기 위해서는 투자의 본질적인 부분에서 벗어난 이야기들에는 귀를 막고 묵묵히 기다려야 하는 '자세'가 중요함을 강조한다.

전반부에서는 본인이 직접 소유하고 있는 사업들의 경쟁우위를 확립하는 과정을 통해, 투자할 때 사업의 어떤 부분에 집중해야 하는지 알려주고 있고, 후반부를 통해서는 실질적으로 이익을 낼 수 있는 태도에 대해 가르쳐주고 있는 듯한 느낌이다. 때문에 2013년도 주주편지는 한 권의 투자지침서로서 손색이 없다.

당신이 주식을 얼마에 사느냐에 따라
당신의 투자수익률은 이미 결정된다.

– 워런 버핏

11 워런 버핏의 투자 조언과 해설

매년 개최되는 버크서 해서웨이 주주총회 등을 통해 워런 버핏은 투자자들이 깊이 새겨야 할 금과옥조와 같은 말들을 많이 남겼다.

이 장에서는 그동안 주주총회 등에서 언급된 투자와 관련된 인상 깊은 대목들을 추렸다. 적정주가를 실제로 구하는 데도 도움이 될 것으로 보인다. 그리고 독자들의 이해를 돕기 위해 저자의 코멘트를 덧붙였다.

아무쪼록 독자들이 워런 버핏의 투자철학을 이해하고 그에 더해 자신만의 투자철학을 다지는 장이 되길 바란다.

Q? 어떻게 해야 기업가치 평가를 더 잘할 수 있습니까?

버핏 : 나는 '벤저민 그레이엄'을 통해 몇몇 기업들의 가치를 평가하는 방법을 배울 수 있었다. 그러나 그런 방식을 활용할 수 있는 기회가 시간이 지나면서 사라졌다. '찰리 멍거'를 통해서는 장기간 유지되는 기업의 경쟁우위에 대해 배울 수 있었다. 자신의 능력범위가 얼마나 큰지 여부보다 그 한계가 어디인지를 아는 게 가장 중요하다. 당신이 사는 마을에 있는 사업들을 생각해보라. 어떤 것을 사고 싶은지, 어떤 것이 경쟁력이 있는지 사람들과 대화를 나눠보라. 뭐가 맞고 틀린지 물어봐야 한다.

  내가 얼마나 많은 기업들에 대해 모르고 있는지 알면 아마 놀랄 것이다. 20년 정도 영속적이면서 안전마진이 확보된 기업을 찾는 게 내 목표다. 이 일에서 성공하려거든 당신의 한계를 명확히 인지해야 한다. 6~7년 전 나는 한국 주식들을 살펴봤는데, 많은 기업의 주식이 안전마진을 확보하고 있었다. 당시 20개 기업에 나눠 투자했다.

— 2010년 버크셔 해서웨이 주주총회

Comment

구체적인 방법론보다 자신의 '능력범위'를 정확히 알고 그 안에 머물러야 한다는 원칙을 제시한다. 기업의 가치는 그 기업이 창출하게 될 미래현금흐름의 총합인데, 기업의 미래를 알기 위해서는 그 사업을 정확히 알아야 한다는 이야기이다. 가치평가는 결코 기업의 펀더멘털과 떨어져서 생각할 수 없기 때문이다.

2003~2004년 무렵 한국 주식들의 PER이 3~4배 수준이었을 때, 버핏은 자신이 잘 알 수 있는 20여 개 한국 주식에 개인자금 약 1,000억 원을 투자한 것으로 알려져 있다. 그 투자결정을 내리기까지 걸린 시간은 불과 4시간 정도였다고 한다. 기회가 왔을 때 능력범위에 머물러 있다면 빠른 의사결정을 통해 기회를 잡을 수 있게 된다.

Q 투자에 대한 지식을 쌓는 좋은 방법은 무엇입니까?

버핏 : 우리는 일간 출판물, 사업보고서, 분기보고서, 비즈니스 매거진 등을 많이 읽는다. 다행히도 투자는 지식이 축적될수록 그 지식이 더 유용해지는 분야이다. 오랜 기간 배워야 할 것들이 많다. 40~50년 전 나는 많은 기업들을 방문했었는데 현재는 그렇게 하지 않고 있다.

멍거 : 기초지식을 많이 쌓을수록, 추가로 더 습득해야 할 지식은 적어진다. 눈가리개를 하고 게임에 임해도 이기는 체스 프로기사를 생각해보면, 이미 그의 머릿속에는 체스 게임판이 그려져 있다고 볼 수 있다. (중략)

 애널리스트 리포트는 읽지 않는다. 말도 안 되는 내용투성이다. 많은 사람들이 왜 읽는지 이해가 안 된다.

— 2003년 버크셔 해서웨이 주주총회

Comment

비즈니스 관련 출판물들이나 사업보고서를 가능한 많이 읽는 것이 방법이라고 설명하고 있다. 투자 전에 해당 기업을 직접 탐방하지 않는 걸로 알려진 버핏이 40~50년 전에 많은 기업들을 탐방했었다고 언급하는 부분이 흥미롭다. 아마 스승 벤저민 그레이엄이 세운 투자회사 '그레이엄 뉴먼'에서 일하던 시절로 추정된다. 다만 지금은 그렇게 하지 않는데, 그 당시 수많은 기업들을 분석하면서 자신의 능력범위를 명확히 파악했기 때문이라고 판단된다.

투자는 다행히 지식이 축적될수록 더욱 유용해지는 분야라는 버핏과 멍거의 견해에 동의한다. 특정 사업에 대한 경험이 풍부할수록 사업을 보는 눈이 더 정확해지기 때문이다. 물론 시간이 흐를수록 수요와 경쟁구도 등 환경의 변화가 필연적이지만, 그 안에서 더 두터운 해자를 구축하는 기업들을 통해 사업에 대해 많이 배울 수 있게 된다.

애널리스트 리포트에 대한 혹평이 인상적이다. 항상 이익이 우상향한다고 가정하는 부분이 현실적이지 않기 때문이라고 밝힌 바 있다. 개인적인 생각으로는, 애널리스트들의 추정치에 대해서는 참고하지 않는다 하더라도 기업과 관련된 팩트를 얻는 창구로는 활용할 필요가 있다고 본다.

버핏 : 운용자금 규모가 작다는 것은 구조적으로 상당히 유리하다. 운용자산 규모가 100만 달러라면, 연 수익률 50%를 낼 수 있다고 본다. 충분히 가능하다.

— Business Week 인터뷰 중, 1999

Q 1999년에 100만 달러 운용자금으로 연 50% 수익을 낼 수 있다고 언급했는데, 지금도 가능하다고 생각합니까?

버핏 : 지금도 동일한 생각이다. 사실 지금도 작은 규모의 투자들은 연 50% 정도의 수익을 내고 있다. 나는 수익률이 가장 좋았던 시기가 1950년대 파트너십을 운용하던 때였다. 당시 작은 규모의 자금으로 50% 이상의 수익을 냈었다. 현재도 충분히 가능하다고 생각한다. 정보에 접근하기가 훨씬 쉽기 때문에 고수익을 내기가 좋다. 물론 이런 결과를 거두려면 끊임없이 많은 바위를 들춰보는 수고를 감당해야 한다. 지도에는 없는 기업들을 찾아내야 한다.

— 2005년 MBA 학생들 버크셔 해서웨이 방문 행사

Comment

　실제 버핏은 1950년대 파트너십 운용 기간(1956~1967년) 동안 연평균 35% 수익률을 거둔 바 있다. 안전마진이 확보된 주식에 대해 집중투자했기 때문에 가능한 일이었다. 당시 벤저민 그레이엄의 소위 '담배꽁초 투자법'을 위주로 했으나, 안전마진이 확보된 주식에 집중투자했기 때문에 가능했던 것으로 판단된다. 당시 1억 원이 조금 넘는 자금으로 시작했는데, 물가상승률을 감안하면 현재 10~15억 원 규모라고 볼 수 있다. 100만 달러를 언급한 이유라고 판단된다.

　2016년 현재 버핏은 600조 원이 넘는 자산을 운용 중이다 보니, 과거와 같은 집중도를 유지하려면 최소한 30조 원(5% 비중) 이상의 규모가 되는 기업을 인수하거나, 같은 규모의 지분을 확보해야 한다. 하지만 적은 자본투자로 높은 이익을 거둘 수 있는, 버핏이 선호하는 기업들 중에 30조 원 이상이면서 적절한 안전마진이 확보된 기업을 찾기가 더욱 어려워졌다. 때문에 1990년대 말부터 버핏은 비록 자본투자 규모는 크지만 적정한 수준의 이익을 내면서 규모가 큰 기업들을 인수하기 시작했다. 변화된 현실에 부합하는 '차선(Plan B)'을 택하고 있는데, 현재의 버핏을 제대로 이해하려면 이러한 배경에 대해 고려할 필요가 있다.

Q 성공적인 투자자가 되려면 어떤 기질을 가져야 합니까?

버핏 : 주가를 자주 의식하는 것은 시장이 당신보다 더 많이 알고 있다고 가정하는 것과 같다. 그게 맞을 수도 있다. 그러나 그런 상황이라면 그 주식을 보유하고 있어서는 안 된다. 투자자는 주식시장을 이용해야지, 주식시장에 끌려 다녀서는 안 된다.

가격과 가치에 집중하라. 주가가 내려가고 현금이 있다면 더 사라. 가격이 오를 때 우리는 매수를 중단하기도 한다. 몇 년 전, 월마트 주식을 사는 데 주가가 올라 매수를 중단했다가 80억 달러 손해를 보기도 했다. 우리는 주식을 매수할 때 주가가 더 떨어지길 바란다.

전체 기업들에 대해 모두 잘 알 필요는 없다. 20%, 10%, 5%까지도 필요 없다. 1년에 한 번이나 두 번 정도만 맞으면 된다. 나는 장애가 있는 경주마와 같았다. 당신은 한 기업에 대해 아주 높은 수익을 얻을 수 있는 투자 결정을 내릴 수는 있을 것이다. 누군가가 내게 S&P 500 지수 내의 500개 기업에 대해 물어온다면, 나는 잘해내기 어렵다. 인생에서 몇 번만 정확히 맞추면 된다. 물론 큰 실수를 저지르지 않는다는 전제에서 말이다.

— 2003년 버크셔 해서웨이 주주총회

Comment

자신의 능력범위에 집중할 것을 당부하고 있다. 1년에 한 번에서 두 번 정도만 제대로 투자 결정을 내릴 수 있다면 성공적인 투자자가 될 수 있을 것이라고 말하고 있다. 비록 자주는 아닐지라도, 능력범위에 들어오는 기회를 놓치지 않고 잡아낼 때 투자에서 성공할 수 있다.

이런 기회를 잡게 될 때, 결국 시장보다 더 큰 확신을 갖고 시장을 이용할 수 있게 된다.

주가가 오르는 상황에서 매수를 중단했다가 손실을 봤다는 월마트 투자 사례를 언급한 것은 흥미롭다. 여기서 버핏이 언급한 '손실'은 더 사지 못해서 더 큰 이익을 거두지 못했다는 말이다. '기회비용'을 언급한 것인데, 겉으로 드러나지 않는 기회비용까지 투자 손실의 범위에 포함시키는 부분이 인상적이다. 반대로 자신이 잘 알지 못하는 기업들의 주가가 천정부지로 솟더라도 버핏은 별로 신경 쓰지 않는다. 능력범위 밖의 일이기 때문에, 기회비용으로 생각하지 않는다. 반대로 생각하기 쉬운 일반 투자자들과 비교되는 다른 부분이다.

Q. 어떤 기업가치 평가 도구를 사용하고 있습니까?

버핏 : S&P500 지수 대비 적정 수준의 배수를 구하는 것은 투입자본 및 성장을 위해 추가로 투자되는 자본 대비 이익을 고려해야 한다. 상대적인 PER과 같은 단순한 가치투자 방식을 사용하지는 않는다. PER, PBR, PSR과 같은 것들이 중요하다고 생각하지 않는다. 사람들은 정확히 떨어지는 공식을 원하지만, 그렇게 쉽지 않다. 가치를 구하기 위해서는 지금부터 기업 활동이 계속되는 기간 동안 창출하게 될 현금흐름을 추정하고 적절한 할인율로 할인하면 된다. 모든 현금은 동일한 가치를 지닌다. 사업의 경제적 특성을 평가할 필요가 있다.

— 2002년 버크셔 해서웨이 주주총회

Comment

　미래 현금흐름의 현재가치 총합이라는 기업가치 평가의 기본을 재차 강조하고 있다. 사업의 경제적 특성을 평가해야 한다는 데서 기업의 펀더멘털과 연계된 '추정'이 뒷받침되어야 한다.

　기업에 대한 이해가 없이 PER, PBR, PSR로 서로 비교하거나 기업가치를 가늠하는 일은 아무런 의미를 갖지 못한다고 지적한다. 투입자본 대비 창출되는 이익을 고려해야 한다는 말은 '성장률'에 대한 언급이라고 볼 수 있다. 적정 수준의 성장률을 가정해야 향후 일정 기간 동안 창출할 수 있는 현금흐름의 총합을 추정할 수 있다. 성장률은 그 사업의 경제적 특성과 연계될 수밖에 없고, 그런 특성은 투입자본 대비 이익률(ROE)을 고려해서 판단해야 한다.

Q. 내재가치 평가 방법에 대해 말씀해주세요.

버핏 : 향후 100년간의 현금흐름을 추정해서 적정한 이자율로 할인하면 하나의 숫자를 얻을 수 있는데, 그게 바로 내재가치라고 할 수 있다. 100년 동안 이자를 지급하는 채권을 평가하는 것과 비슷하다. 기업 역시 이자를 지급하지만, 얼마를 지급하게 될지는 모른다. 미래에 지급될 이자 규모는 투자자들이 추정해야 한다. 최첨단 기술 기업들과 같이, 변화가 많은 사업들에 대해서 우리는 미래에 지급될 이자 규모를 추정할 수 있는 능력이 없다.

우리가 생각하기에 합리적으로 이해할 수 있는 사업들에 대해 미래에 지급될 이자 규모를 추정하고자 노력할 뿐이다. 내재가치를 평가하고자 한다면, 현금흐름에 집중해야 한다. 현재 어떤 투자 대상에 현금을 넣어두는 이유는, 그 투자 대상이 미래 창출될 현금에 대한 기대 때문이다. 당신이 투자자라면, 그 투자 대상이 향후 어떻게 될지를 고민해야 한다. 하지만 투기꾼이라면 그 투자 대상의 가격이 어떻게 될지에만 신경 쓰게 될 것이다. 물론 그것은 우리가 하는 것과 다르다. 만일 투자 대상 사업에 대한 우리의 판단이 옳다면 돈을 벌게 될 것이고, 그렇지 않다면 수익을 기대하지 못할 것이다.

— 1997년 버크셔해서웨이 주주총회

Comment

기업가치 평가를 채권에 비유해서 이해하기 쉽게 설명했다. 채권과 다른 점은 미래에 창출하게 될 현금흐름을 투자자가 직접 추정해야 하는 부분이라고 언급한다. 사업이 지속되는 기간 또한 투자자가 판단해야 할 몫이다. 변화가 많은 사업들에 대해서는 적정한 미래 현금흐름을 추정하기가 어려워진다. 변화가 많다는 것은 애써 구축한 경제적 해자의 수명이 짧다는 것을 말한다. 창출하는 현금흐름에 변화가 많아 대충이라도 의미 있게 내재가치를 추정하기가 어렵다. 버핏의 투자가 변화가 크지 않은 안정적인 사업들에 집중되는 이유라고 볼 수 있다.

그러나 기술이 고도로 발달하고 사회가 발전하면서 변화가 많지 않던 사업들도 여러 환경 변화에 노출되는 경우가 많아졌다. 모바일 매체의 등장으로 타격을 입게 된 마트나 백화점과 같은 오프라인 유통사업들이나 TV 방송국 사업들이 대표적인 예가 될 수 있다. 이런 변화 속에서 나름대로 '경제적 해자'를 갖춰 이익의 성장성을 기대해볼 수 있는 기업들도 등장하고 있다. 현명한 투자자라면 변화가 많지 않은 사업들에 대한 안목도 중요하지만, 향후 쉽게 변하기 어려운 큰 '변화'에도 주목할 필요가 있어 보인다. 그 안에서 해자가 두터운 기업들을 찾아 나서야 함은 물론이다.

Q 가치주 투자와 성장주 투자의 차이는 무엇입니까?

버핏 : 사업을 구분하는 데 대해 명확한 기준을 갖고 있지 않다. 기업이 창출하는 현금흐름의 현재가치 총합으로 그 기업을 평가할 뿐이다. 성장주와 가치주를 구분하는 명확한 기준을 우리는 갖고 있지 않다. 단지 얻게 될 가치가 어느 정도가 될지에 대해 판단할 뿐이다. 우리는 주식을 살 때, 기업 전체를 사는 것과 동일하게 접근한다.

이솝은 '손 안의 새 한 마리가 숲 속의 새 두 마리의 가치가 있다'는 투자와 관련된 유명한 말을 남겼다. 그러나 이솝은 숲 속의 두 마리 새를 언제 얻을 수 있는지, 적정한 이자율은 얼마인지에 대해 고민하지 않았다. 사람들은 숲 속의 새를 '성장'의 과실로 간주한다. 그러나 언제 그 새를 얻게 될지에 대해서도 고민해야 한다. 사람들은 종종 자신의 행동에 내재된 수학적인 부분에 대해 고민하지 않는다.

멍거 : 모든 현명한 투자는 가치투자라고 할 수 있다. 투자 원금보다 더 많은 돈을 얻는 것을 말한다. 투자는 몇 안 되는 훌륭한 기업들을 찾아서 엉덩이를 붙이고 앉아 있는 것을 말한다.

— 2000년도 버크셔 해서웨이 주주총회

Comment

언론이나 투자 업계에서 일반적으로 가치주와 성장주로 주식을 구분하곤 하지만, 버핏은 이런 구분에 대해 별다른 관심이 없어 보인다. '손 안의 새 한 마리가 숲 속의 새 두 마리보다 낫다'라고 우리에게 알려져 있으나, '손 안의 새 한 마리가 숲 속의 새 두 마리의 가치와 같다'가 정확한 표현이다. 이 말은 보통 금융시장이 불안할 때 자주 등장하곤 한다. 버핏은 이솝의 말에서 정확한 '시기'와 그에 따른 '할인율'이 빠졌다고 지적한다. 숲 속에서 두 마리의 새를 얻게 될 시기가 짧고 할인율이 낮을수록, 손 안의 새 한 마리보다 가치가 커지기 때문이다.

멍거는 현명한 투자라면 가치보다 싸게 사는 가치투자가 되어야 한다고 설명한다. 또한 향후 지속 성장이 가능한 훌륭한 기업에 대해 장기투자하는 것이 중요하다고 언급하면서, 성장주와 가치주에 대한 논란에 관심이 없음을 천명했다.

Q2 투자할 때 최소한으로 요구하는 수익률 기준이 있습니까?

버핏 : 우리는 10% 이상의 수익을 원한다. 장기 국채 수익률에 상관없이 10% 미만의 수익이 기대되는 자산에는 투자할 생각이 없다. 임의적인 기준인데, 10%면 세후 기준으로 대단한 수익이 아니다.

멍거 : 우리는 미래 기회비용을 고려한다. 버핏에게 기회비용은 10%보다 크다. 때문에 10% 미만의 수익이 기대되는 투자 기회에 대해서는 고려하지 않는 것이다. 그러나 만일 1% 수준의 이자율이 계속 유지된다면, 생각을 바꿀 것이다. 우리의 최소 요구 수익률 기준은 미래 기회비용을 반영한다.

버핏 : 우리는 160억 달러의 현금을 보유하고 있는데, 이자로는 1.5%를 받고 있다. 이 현금을 5% 쿠폰을 지급하는 20년 만기 채권에 투자해서 이익을 확대할 수 있지만, 우리는 더 높은 수익을 내면서도 장기채권이 직면하게 되는 원금 손실 리스크가 없는 대상에 투자하기 원한다.

— 2003년 버크셔 해서웨이 주주총회

Comment

    2003년 미국 장기 국채 수익률은 5% 수준이었다. 버핏은 당시 최소한 연 10% 이상의 수익이 기대되는 투자 대상만을 고려했던 것으로 보인다. 버핏은 2003년 이후 꾸준히 두 자릿수 이상의 성과를 내왔다. 하지만 최근 들어 두 자릿수 성과를 내지 못하고 있는데, 2014년은 8.3%였고, 2015년에는 6.4%였다. 물론 그 사이 미국 장기국채 수익률이 3% 수준으로 떨어진 것을 고려하면 나쁘지 않은 성과라고 볼 수 있다. 현재 최소 요구 수익률 기준을 내렸는지는 알 수 없다.

    이자율이 올라가면 채권가격은 하락하게 된다. 확정적인 현금흐름이 기대되지만, 채권투자는 경제환경에 상당히 민감한 투자라고 볼 수 있다. 일반적인 인식과 다르게 버핏이 채권 투자를 위험한 투자로 분류하는 부분이 인상적이다. 버핏은 투자의 리스크를 원금의 영구적인 손실 가능성으로 정의하기 때문에, 이자율 변동에 따른 원금 손실 가능성이 있는 채권투자는 버핏에게 위험한 투자가 된다.

Q 성공적인 경영자의 세 가지 성품은 무엇인가요?

버핏 : 나는 경영자를 볼 때 열정을 가장 중요하게 생각한다. IQ는 사실 그렇게 중요하지 않다. 다른 사람들과 함께 일할 줄 알고, 자신이 원하는 것을 그들이 할 수 있도록 하는 소통 능력이 필요하다. 지능, 열정, 투명함 이 세 가지를 말하고 싶다. 만일 세 번째 성품을 갖추지 못한 사람이라면 앞의 두 가지 성품들이 오히려 해가 될 수 있다. 열심히 일하는 사기꾼들만 뽑을 수도 있다. 투명성이 결여된 사람이라면, 그 사람이 무능하고 게으르길 바라는 게 나을 것이다.

미래 수익의 10%를 동급생 중 한 명에게 투자한다면, 당신은 아마 남들과 더불어 가장 효과적으로 일할 줄 아는 사람을 선택할 것이다. 미래가 가장 어둡게 전망되는 사람을 고르라고 한다면, 아무도 같이 일하려 하지 않는 사람을 선택할 것이다. (중략) 절대 구성원들에 대해 점수를 매기지 마라. 점수를 매기는 행위로 조직이나 가정을 일으켜 세우지 못한다. 나는 지금까지 찰리 멍거와 한 번도 싸워본 적이 없다. 내가 살로몬 브라더스에 개입하게 되었을 때, 살로몬 브라더스를 경영할 사람을 선택해야 했다. 12명의 후보자들을 각각 15분간 면담했는데, 당시 나 자신에게 물었다. "내가 누구와 이 전쟁터를 헤쳐 나가야 할까?" 나는 절대 성적이나 출신 학교 따위를 고려하지 않았다. 내가 데릭 모건을 선임했을 때, 그는 내게 보수나 다른 보상을 물어보지 않았다. 그는 바로 업무를 시작했다.

— 6개 MBA 과정 학생들과의 Q&A, 2009

Comment

　버핏이 사람을 볼 때도 철저히 '성품Quality'을 중요하게 여긴다는 부분이 인상적이다. 겉으로 드러나는 조건이나 성적이 그 사람이 열정적이면서 투명한 사람인지 여부를 말해주지는 않는다. 투명성이 결여된 사람은 아무리 지적 능력이 뛰어나고 열정적이더라도 같이 일할 사람으로 고려하지 않는다는 부분이 인상적이다.

　버핏의 기업을 바라보는 관점과 사람을 보는 관점이 일맥상통한다는 것을 알 수 있다. 회사채의 안정성을 확보해주는 것은 결코 낮은 매입 가격이 아니라 그 회사의 펀더멘털이라는 벤저민 그레이엄의 '본질'에 대한 관점과도 맞닿아 있다. 이런 철학이 밑바탕 되기 때문에, 제대로 된 회계 실사나 브로커 없이 거액의 M&A계약을 체결할 수 있었던 것이 아닌가 싶다. 훌륭한 퀄리티의 기업만 사기 때문이다. 잘 나가던 투자은행 '살로몬 브라더스'가 미국 국채 입찰과 관련된 스캔들에 휘말려 문을 닫을 절박한 상황에서 버핏이 개입했는데, 적절한 인사와 판단으로 정상화시킨 바 있다.

Q 기관이나 헤지펀드들이 넘쳐나는 시장에서 과연 개인투자자들이 주식의 리스크를 제대로 평가할 수 있을까요?

버핏 : 현재 시장이 저평가되어 있다고 생각하지 않지만, 나는 현재 규모가 큰 투자 기회를 찾아야만 한다. 이 부분은 개인투자자들이 나보다 더 유리한 부분이다. 몇 년 전에 지인이 한국 시장을 봐야 한다고 조언한 적이 있다. 우리는 포스코POSCO를 PER 3~4배 수준에 매수했고, 다른 재무건전성이 뛰어난 20개 주식들을 PER 2~3배 수준에서 매수했다. 한국 주식시장에 대해 잘 모르기 때문에 분산 투자했다. 우리는 아주 이례적인 상황을 찾고 있다. 때때로 이런 상황들이 시장에서 벌어진다. 어항에 들어 있는 물고기를 총으로 쏴서 잡는 것과 같다. 다만 물이 쏟아지는 상황을 가정해야 한다. (중략)

시장은 대부분 효율적이지만, 꼭 그런 것은 아니다. 이런 기회들은 아무도 알려주지 않으며, 경제방송이나 애널리스트 리포트에 나오지도 않는다. 스스로 찾아야 한다. 1951년 대학 졸업 후 나는 무디스와 S&P의 상장기업편람을 처음부터 다 살펴봤었다. 나는 키가 2미터 이상의 장신들을 찾아 나선 농구 코치 같았다. 키가 170cm 정도 되는 누군가가 내게 와서 테스트를 받고 싶다고 한다면, 나는 관심 없다고 말했을 것이다. 1,443페이지나 되는 무디스의 편람에서 나는 웨스턴 인슈어런스 시큐리티즈 Western Insurance Securities를 찾아냈었다. 2년 전에 주당 21.66달러를 벌어들였는데, 바로 전해에 29.09달러를 벌어들였다. 과거 주식은 3달러에서 13달러 사이에 거래되었었다. 물론 이익의 지속성을 고민해야 했다. 시장은 결국 이런 펀더멘털을 주가에 반영할 것이다. 많이 찾아낼 필요도 없다. 평생에 걸쳐 10번 정도의 기회를 찾아낸다면 부자가 될 수 있을 것이다. 다만 틀리거나 제로가 되면 안 된다. 아무리 큰 숫자라도 제로와 곱하면 결국 제로가 된다. 다시 앞으로 나아가기 위해 물러서서는 안 된다.

— 에모리 고이주에타 경영대학원, 2008년 2월

Comment

개인투자자들을 위한 조언으로, 소수의 이례적으로 저평가된 기회를 잡으라고 말해주고 있다. 투자에 시간을 많이 할애할 수 없기 때문에, 자신이 잘 아는 분야에 집중하고 거기서 이례적인 기회를 잡으라는 말이다. 이런 기회들이 자주 있지는 않지만, 잡게 되면 그간의 노력을 보상하고도 충분히 남을 결과를 가져다주기 때문에 의미가 있다. 버핏도 투자 인생에서 아메리칸 익스프레스, 웰스파고, 워싱턴 포스트, 시즈캔디, 코카콜라, GEICO 등과 같은 몇몇 큰 기회들을 통해 한 단계씩 도약한 바 있다.

Q² BYD(버핏이 투자한 중국 전기자동차 회사)는 가치투자라기보다, 투기나 벤처 투자와 비슷해 보입니다. 이 부분에 대해 설명 부탁드립니다.

버핏 : 모든 투자는 '가치'투자이다. '투자'라고 한다면 다른 게 존재할 수 없다고 본다. 늘 미래에 더 얻기 위해 현재 돈을 투자하는 것이다.

멍거 : BYD는 기업 초기 단계의 벤처 투자가 아니다. 설립자는 43세이며, 리튬 이온 배터리 메인 공급업체이다. 이후 휴대폰 부품 업체로 성장했다. 최근에 자동차 산업에 진출했는데, 글로벌 업체들과 JV를 맺은 중국 내 다른 자동차 업체들보다 빠르게 중국 내 가장 잘 팔리는 자동차 모델들을 만들어내고 있다. 이것은 팩트이다. 투기적인 기대감이 아니다. 기적일 뿐이다. 1만 7,000명의 중국 최고의 공대 졸업생들을 채용하고 있다. 중국인들은 상당히 성공할 것이다. 배터리는 미래의 필수품이다. 버핏과 내가 미쳤기 때문에 BYD에 투자했다고 생각하지 않는다. 바람막이와 타이어를 제외하고 자동차의 모든 부품을 자체 제작한다. BYD와 함께 할 수 있어서 영광이고, 왕찬푸가 이끄는 1만 7,000명의 중국 엔지니어들에 대항해서 베팅하고 싶지 않다.

— 2009년 버크셔 해서웨이 주주총회

Comment

    2008년 12월 버핏은 2.3억 달러에 BYD 지분 10%를 인수했다. 2016년 현재 약 19조 원의 시가총액을 감안하면 8배가 넘게 오른 상황이다. 멍거의 추천으로 BYD에 투자하게 되었으며, 멍거답게 CEO나 인력의 수준 등 철저히 기업의 퀄리티에 기반한 투자로 판단된다. 물론 당시 글로벌 자동차 기업들과 JV를 맺은 중국 로컬 업체들보다 더 인기가 높은 모델들을 양산해내는 능력과 배터리 사업을 기반으로 성장해온 모습 등도 멍거에게 인상적이었던 것으로 보인다.

    버핏의 답변을 통해 버핏은 '가치투자'를 '낮은 밸류에이션의 주식에 대한 투자'로 정의하고 있지 않다는 것을 확인할 수 있다. 모든 투자는 '가치투자'일 수밖에 없는데, 그것은 향후 더 나은 '가치'를 얻기 위한 현재의 투자이기 때문에 그렇다. 버핏 투자 당시 BYD의 예상 PER$^{Forward\ PER}$은 30을 넘는 수준이었다.

Q 작년에 기회비용과 관련된 투자결정에 대해 설명해주실 수 있나요?

버핏 : 지난 18개월 동안 투자결정을 할 때 기회비용은 가장 중요한 고려 대상이었다. 빠르게 변하는 환경 속에서 B안과 C안 대신 A안이 더 매력적인지 여부를 가늠하는 것은 상당히 어려운 일이다. 어렵지만 더 높은 수익을 거둘 수 있는 여지가 있다. 작년 한 해 동안 우리는 투자 요청을 하는 많은 전화를 받았는데, 대부분은 우리의 흥미를 끌기 어려웠다. 우리는 골드만 삭스Goldman Sachs에 50억 달러, 콘스텔레이션 에너지Constellation Energy에 30억 달러, 다우케미칼The Dow Chemical Company에 30억 달러, 리글리 마스Wrigley Mars 인수에 65억 달러를 투자했다. 우리는 은행에 의지하는 것을 싫어한다. 전화가 작년에 특히 몰려서 많이 왔다는 것은 투자에 있어 좋은 신호이다.

　10~15포인트 높은 가격에 존슨앤존슨 주식을 매도하지는 않을 것이다. 그러나 우리는 마음 편한 수준의 현금을 보유하기 원하는데, 편한 수준이라는 것은 심하게 안도할 만한 수준을 말한다.

— 2009년 버크셔 해서웨이 주주총회

Comment

투자안의 비교는 버핏 투자의 기본적인 사항이다. 보유한 자회사들이 지속적으로 현금을 창출해주기는 하지만, 때때로 큰 규모의 딜을 하기 위해서는 현금을 충분히 보유해야 하며 그렇지 못할 경우에는 투자 지분을 매각할 수도 있기 때문이다.

2008년은 글로벌 금융위기가 터진 시기로 여러 매력적인 투자 기회들이 버핏에게 한 번에 몰려 왔었다. 당시 존슨앤존슨 지분을 처분할 정도로 여러 기회들에 투자를 집행했었는데, 철저히 '기회비용'의 관점에서 각각의 투자안들을 평가했다고 언급하고 있다. 투자안들을 직접적으로 비교하는 것은 쉽지 않은 과정이지만, 끊임없이 더 나은 기회를 엿보면서 비교하는 작업은 투자에 있어 필연적인 부분이다. 특히 '집중투자'를 추구하는 버핏과 같은 투자자들에게는 더욱 그렇다.

Q3 IBM 주식 매수

우리가 5.5%(6,490만 주) 지분을 매수한 IBM의 발행주식수는 현재 11억 6,000만 주이다. 향후 5년간 IBM의 이익이 우리에게 상당히 중요하다. IBM은 향후 5년간 500억 달러를 들여 자사주를 매입 소각할 예정이다. 버크셔 같은 장기투자자 입장에서 향후 5년간 기대해야 하는 것은 무엇일까? 바로 답을 말하자면, 향후 5년간 IBM의 주가가 현재 수준에 계속 머물러 있기를 원해야 할 것이다.

간단히 계산해보자. 향후 주가가 현재 수준인 주당 200달러 수준이라면, 500억 달러로 2억 5,000만 주를 매수해서 소각할 수 있다. 그렇게 되면 발행주식수는 9억 1,000만 주로 줄어들게 되고, 우리의 지분율은 7%로 올라갈 것이다. 반대로 향후 주가가 300달러 수준으로 오른다면, 1억 6,700만 주를 매입소각할 수 있고 발행주식수는 9억 9,000만 주가 될 것이며, 우리의 지분율은 6.5%가 될 것이다. (중략)

논리는 간단하다. 향후 주식에 대한 매수자가 계속 되길 원한다면, 주가가 오르면 손해다. 주가가 빠지거나 침체되어 있어야 이익을 본다. 하지만 감정은 상황을 좀 복잡하게 만든다. 대부분의 사람들은 주가가 올라야 마음의 평안을 얻는다. 이런 투자자들은 기름값이 올라야 맘 편히 출근하는 사람들과 같다. 단지 자동차 기름 탱크에는 그날의 필요분만 들어 있는데도 말이다.

— 2011년 버크셔 해서웨이 주주편지

Comment

2011년 버핏의 IBM 주식 매수에 대한 설명이다. 버핏은 IBM 주식을 108억 달러에 5.5% 매수했는데, 대략 매수가격은 주당 169달러 수준이었다. 하이테크 기업을 기피해 온 터라 당시 IBM에 대한 투자는 버핏을 추종하는 투자자들에게 상당히 충격적이었다. 게다가 당시까지 상장주식 투자 규모 중 최대 규모였다.

하지만 위의 내용을 보면 나름대로의 '안전마진'을 확보하고 있었다는 것을 알 수 있다. 향후 5년간 500억 달러 수준의 자사주 매입소각을 통해 발행주식수가 약 22% 줄어들기 때문에, IBM의 순이익이 약 20% 정도 줄어드는 최악의 상황을 가정하더라도 원금 손실 가능성은 낮아진다. IBM의 사업모델이 단순히 H/W를 판매하는 데서 S/W를 판매하고 사후 서비스를 통해 꾸준한 현금흐름을 창출하는 방향으로 변화한 모습을 높게 평가한 것으로 보인다. 다만 사업환경이 클라우드로 급격히 변하면서 경쟁이 심화된 부분은 리스크로 보인다.

IBM은 2016년 7월 현재 주당 160달러 선에서 거래되고 있으며, 버핏은 약간의 손실을 보고 있는 것으로 보인다. 버핏이 2011년 주주편지에서 언급한 5년이 다 되어가고 있는데, 향후 어떤 코멘트가 나오게 될지 사뭇 궁금해진다.

Q² 자본지출 규모가 큰 기업에 대한 투자

초기에, 멍거와 나는 공공 유틸리티 기업과 같은 자본지출 규모가 큰 사업들을 기피해 왔다. 당연히 소유하기 가장 좋은 사업은 투하자본에 대해 높은 이익을 지속적으로 거두면서 성장을 위한 추가 투자 규모가 작은 사업이다. 우리는 운 좋게도 그런 기업들을 많이 소유할 수 있었고 지금도 더 투자하고자 한다. 그러나 버크셔 해서웨이가 향후 창출하게 될 현금흐름은 계속 증가할 수밖에 없기 때문에, 현재 자본지출 규모가 큰 기업에 투자하고자 한다.

우리는 이 기업들이 투자하는 자본에 대해 합리적인 수준의 이익을 거두길 바랄 뿐이다. 우리가 기대하는 수준의 이익이 창출된다면, 버크셔 해서웨이가 전체적으로 창출하는 이익 수준은 평균 이상이 될 것이다. 물론 수십 년 전보다는 확실히 낮은 수준일 것이다.

— 2009년 버크셔 해서웨이 주주편지

Comment

　버핏은 2000년대 들면서 발전회사 미드어메리칸과 철도회사 BNSF 등을 잇달아 인수하면서 자본지출 규모가 큰 규제 산업에 발을 들여놓게 되었다. 버크셔 해서웨이는 2000년대 들어 전체 자산 규모가 150조 원을 넘어가기 시작했다. 자본지출 규모가 작은 이상적인 기업들로만 운용하기에는 벅찬 규모였던 것으로 보인다. 현금을 보유하고 있는 것보다 아주 훌륭한 수준은 아니더라도 합리적인 수준의 이익이 창출되는 기업들을 인수하는 것이, 평균 이상의 실적을 거두는 데 도움이 될 것으로 판단한 것이다.

　자신을 둘러싼 현실의 변화를 직시하고 유연하게 대처하는 모습이 인상적이다. 시즈캔디 인수로 자신의 전매특허와도 같았던 자본지출 규모가 작은 사업에 대한 투자 전략을 과감히 수정해 나가면서 꾸준한 수익을 거두고 있다. 2000년대 이후 2015년까지 버크셔 해서웨이의 순자산가치는 연평균 9.8%로 증가해왔다. 같은 기간 동안 S&P 500 지수는 연평균 4.3%로 증가해왔는데, 버핏이 말한 대로 평균 이상의 실적을 거두는 목표는 충분히 달성한 것으로 보인다. 2000년대 전체 자산의 1.5% 수준이었던 자본집약 사업의 규모는 2016년 현재 전체 자산의 약 20%까지 커진 상황이다.

Q 가격변동성과 투자

투자자들이 만일 가격 변동성을 두려워해서 리스크를 측정하는 기준으로 삼게 되면, 역설적으로 아주 위험한 일이 벌어질 수 있다. 6년 전에 투자 전문가들이 폭락하는 주가를 한탄하면서 '안전한' 미국 국채나 은행 예금증권에 투자하라고 조언한 일을 기억할 것이다. 이런 조언들을 무시했던 사람들은 여유 있는 은퇴를 위한 자금을 확보할 정도로 만족스러운 수익을 거둘 수 있었을 것이다.(당시 S&P 500 지수는 700이었는데, 지금은 약 2,100이다.)

의미 없는 가격 변동성을 두려워하지 않는 투자자들은, 단지 배당금과 원금이 꾸준히 올라가는 저비용의 인덱스 펀드 투자를 통해 삶에서 좋은 수입 기회를 잡을 수 있었을 것이다.

주식을 보유하는 것을 위험하게 만드는 것은 투자자 개인의 행동이다. 시장의 움직임을 포착하기 위한 왕성한 거래, 과도한 분산, 전문가들에 대한 높은 수수료, 차입 투자와 같은 행위들로 인해, 장기적으로 주식을 보유하면서 얻을 수 있는 괜찮은 수익 기회를 날려버리게 된다. 차입투자는 특히 투자자들이 기피해야 한다. 언제 어떤 일이 생길지는 아무도 모르는 것이 시장의 속성이기 때문이다. 나와 멍거를 포함한 어떤 투자 전문가들도 언제 시장이 폭락할지 말해줄 수 있는 능력을 가지고 있지 않다. 시장 전문가들은 당신의 귓속을 채워줄 수는 있지만, 지갑을 채워줄 수는 없을 것이다.

― 2014년 버크셔 해서웨이 주주편지

Comment

가격 변동성을 투자의 리스크로 여기는 일반적인 인식에 대한 버핏의 견해이다. 가격 변동성을 무시하고 장기적으로 투자할 것을 주문하고 있다.

버핏은 평소에도 투자에 상당한 시간을 투여할 수 없는 개인투자자들에게 인덱스펀드를 권유한 바 있다. 하지만 버핏의 인덱스펀드에 대한 견해를 무작정 국내 투자 현실에도 적용하는 것에는 신중할 필요가 있다. 이런 버핏의 견해는 미국이라는 나라 자체에 대한 긍정적인 견해를 기반으로 하기 때문이다. 버핏은 미국적 가치와 번영에 대한 믿음을 공개적으로 밝히고 있는데, 이런 부분을 감안하지 않고 버핏이 언급했다고 해서 무작정 인덱스펀드에 투자하는 것은 버핏의 조언을 반만 따르는 결과가 될 수도 있다.

Q 뮤니크 리(독일 소재 대형 재보험회사) 지분을 매각한 이유는 무엇입니까? 만일 버크셔재보험사와 제네럴 리도 상장되어 있었다면 지분을 일부라도 팔았을까요? 재보험산업에 대한 의견을 부탁드립니다.

버핏 : 주주편지에서도 언급한 바와 같이, 재보험업은 향후 10년간 과거 10년보다 안 좋아질 가능성이 높다고 본다. 물론 내가 틀릴 수도 있지만, 경쟁이라는 원리에 따르면 그럴 가능성이 높다. 우리는 보유하고 있던 뮤니크 리Munich Re와 스위스 리 지분을 모두 처분했다. 좋은 기업들임에는 틀림없지만, 재보험 산업의 매력은 향후 떨어질 수밖에 없다고 본다.

부분적으로는 낮은 이자율이 수익성에 악영향을 미치고 있다. 뮤니크 리와 같은 글로벌 재보험사들은 큰 규모의 부동자금을 투자해야 하는데, 버크셔와 달리 자산 투자의 재량권을 가져가기가 쉽지 않다. 버크셔재보험이나 제네럴 리는 다른 재보험사와 다르게 어느 정도 다양한 선택권을 가지고 있기 때문에 상대적으로 나을 것으로 본다. 글로벌 마이너스 금리로 부동자금의 투자 환경뿐만 아니라 경쟁 심화에 따른 매력도 낮아졌는데, 특히 유럽의 상황이 좋지 않다.

— 2016년 버크셔 해서웨이 주주총회

Comment

글로벌 마이너스 금리에 따라 향후 10년간 재보험산업을 어둡게 본다는 답변이다. 이에 따라 10% 넘게 보유하고 있던 뮤니크 리와 3% 수준의 스위스 리 지분을 전량 매각했다. 다만 버크셔 해서웨이의 자회사인 버크셔재보험사와 제네럴 리는 상대적으로 투자나 재보험사업에서 타사 대비 유연성을 갖추고 있기 때문에 다르게 보고 있다.

다양한 선택권은 경영과 투자 부문으로 나눠볼 수 있다. 버크셔재보험사의 경우, CEO 아지트 자인에 의해 독창적인 계약 물건들을 많이 인수해왔는데, 일반적인 물건들 위주로 수재해온 타사 대비 강력한 경쟁우위라고 할 수 있다. 버핏은 항상 이런 아지트 자인의 능력에 대해 높이 평가해왔으며, 전적인 재량권을 보장해왔다. 또한 버크셔는 계약을 통해 유입된 부동자금의 10% 미만 수준으로 채권에 투자하고 있기 때문에 투자에 있어 좀 더 다양한 선택이 가능하다. 대부분을 채권으로 운용하는 타사들은 마이너스 금리와 함께 적절한 운용수익을 기대하기가 어려워진 상황이다.

재보험산업과 관련된 질문을 통해, 버크셔 재보험사업이 갖춘 경제적 해자를 들여다볼 수 있으며, 버핏이 투자할 때 산업의 장기적인 트렌드를 깊게 고려한다는 것을 알 수 있다.

Q 버크셔는 거시적인 정보에 근거해서 투자를 하지 않는 것으로 알고 있지만, 실제 버크셔는 거시적인 변수를 잘 읽어내는 것 같습니다. 투자에 있어서 거시적인 변수와 관련된 부분을 어떻게 다루는지 궁금합니다.

> **버핏 :** 우리는 많은 것을 읽는다. 정치적인 것이나 거시경제 관련된 것들을 읽고 이런 이슈들에 친숙하다. 우리가 매수하는 사업들과 관련해서 알 수 있는 모든 것을 자세히 알고자 한다.
>
> **멍거 :** 사업에 관련된 미세한 부분보다 더 중요한 것은 없을 것이다. 사업과 관련된 부분과 미세한 부분은 결국 같은 말이다. 사업의 미세한 부분들은 우리가 해야 할 일이고, 거시적인 부분은 우리가 견뎌야 할 일이다.
>
> ― 2016 버크셔 해서웨이 주주총회

Comment

버핏과 멍거는 공개적으로 거시경제와 같은 부분은 투자할 때 고려하지 않는다고 언급했다. 그러나 주주편지나 언론사 인터뷰 내용을 보면 버핏과 멍거는 거시적인 정보에 대해 상당히 깊은 지식을 쌓고 있다는 것을 알 수 있게 된다. 이 질문은 이런 역설적인 부분에 대한 예리한 질문이라고 볼 수 있다.

멍거의 답변이 적절해 보인다. 거시적인 정보에 대해 누구보다 많이 읽고 깊이 있는 지식을 쌓지만, 이런 부분들은 투자할 때 '견뎌야' 할 부분으로 받아들인다는 것이다. 미래의 거시적인 변수를 예측해서 움직이기보다 그런 현실에 적응해 나간다는 의미로 해석할 수 있다.

책을 마치며

자신만의
투자법을 찾아
고수하라

지난 2016년 4월 30일 야후 파이낸스를 통해 전 세계에 중계된 버크셔 해서웨이 주주총회 내내 컴퓨터 앞을 떠날 수가 없었다. 6시간에 걸친 버핏과 멍거의 답변에 집중하다 보니 주주총회가 열리고 있는 오마하의 센추리링크 센터 CenturyLink Center 한 구석에 앉아 있는 듯한 착각에 빠질 정도였다.

고령의 버크셔 이사들이 장시간 동안 끝까지 자리를 지키고 앉아 있던 모습도 인상적이었지만, 가장 인상 깊었던 내용은 글로벌 '저금리'와 관련한 버핏의 소회였다. 아직 한 번도 가보지 않은 제로금리 시대가 도래한 것에 대해 다소

당황해하는 모습마저 엿보였다. 버핏은 보유하고 있던 글로벌 재보험회사 스위스리, 뮤니크리에 대한 지분을 모두 처분했으며, 저금리 시대 보험업계의 미래를 어둡게 전망했다.

제로금리에 대한 미래 전망 같은 것은 예상대로 없었다. 다만 제로금리가 지속된다면 자산가치는 이론적으로 무한대도 가능하다는 답변을 통해 기존 가치평가 방식을 고수하고 있다는 부분을 확인할 수 있을 뿐이었다.

십수 년간 버핏의 투자를 연구하면서 가장 크게 매력을 느낀 점이 있다면, '합리성에 대한 집착'일 것이다. 빌앤멜린다게이츠재단이 재단 운영을 전 세계에서 가장 잘 한다는 본인의 합리적인 판단 때문에 거의 전 재산을 기탁할 정도로, '합리성'은 버핏의 근간이 되어 왔다.

'능력범위Circle of Competence'에 대한 개념도 성공 확률의 극대화라는 차원에서 '합리성'의 발현이라고 볼 수 있다. 버핏의 합리성은 그의 인터뷰나 글에서 다른 투자의 그루들과 달리 감정적인 선동의 모습을 찾아보기 어려운 이유이기도 하다. 글로벌 제로금리 상황에 대해 예측하지 않는 모습 또한 비슷한 맥락에서 유추가 가능하다.

버핏을 통해 배워야 할 부분은 궁극적으로 이런 합리성이라고 생각한다. 물론 코카콜라 같은 대박 주식을 찾는 방법과 같은 기술적인 부분에 대한 연구도 중요하다. 하지만 버핏 투자의 중심에 흐르고 있는 합리성을 이해하지 못하고서는, 600조 원에 가까운 거대 자산을 이끌고 있는 버핏에 대해 제대로 이해하기 어렵다. 피상적인 이해는 현실적으로 유용하지 않기 때문에 근거 없는 회의론으로 치닫기 쉽다.

투자에 대해 알아갈수록 투자는 하나의 기술Technic이 아니라 철학Philosophy임을 느낀다. 자신의 행동에 내재화되어 있는 사고체계이기 때문에, 그런 철학에 맞지 않는 방법론은 장기적으로 무용지물일 수밖에 없다. 어떤 포지선을 취하든 결국 버티며 인내하는 구간을 경험할 수밖에 없는데, 본연의 자기자신과 맞지 않으면 그런 과정을 통해 수익을 내기가 어렵기 때문이다.

큰 인기를 얻고 있는 오디션 프로그램을 보면, 기술적으로만 유창하게 노래하는 참가자들이 대거 낙방하는 모습을 볼 수 있다. 노래를 자신만의 색깔로 소화해낼 수 있는 참가자들만이 감동을 줄 수 있고 장기적으로 성공할 수 있기 때문이다. 투자도 마찬가지라고 생각하는데, 자신의 철학과 맞는 투자방식만이 장기적인 수익으로 연결될 수 있다.

국내 투자자들이 버핏의 핵심적인 '합리성'을 내재화하는데 이 책이 일조하기를 바랄 뿐이다. 더불어 국내 투자문화가 한층 성숙되기를 기도한다.

추천의 글

정확한 소스로 풀어낸
적정주가와
내재가치의 비밀

　내가 워런 버핏을 처음 만난 건 1996년 학교 앞 서점에서였다. 돈이 없던 학생 시절이라 바닥에 주저앉아 그에 관한 책을 끝까지 읽어 내려갔는데 너무 감동한 나머지 책값을 지불하고 하숙집에 '모셔와' 같게 살게 되었다. 이후 워런 버핏은 주식투자가 잘 안 풀려 답답하고 마음이 흔들릴 때마다 나에게 지혜를 나눠주는 좋은 스승이자 친구가 되었다.

　그가 가르쳐준 대로 주식투자를 하다 보니 결과도 좋았다. 이렇게 명쾌하고 단순한 방법이 한국에서도 통하는데 왜 사람들은 이렇게 하지 않고 초단타매매

나 기술적 분석에 심취해 있을까 하는 문제의식이 결국 가치투자 전파 운동까지 연결되었다. 나의 20대 인생은 워런 버핏이 이끌었다 해도 과언이 아니다.

IT버블이 꺼진 2000년대 초반 가치투자자 입장에서 한국 시장은 그야말로 물 반 고기 반이었다. 좋은 기업들이 헐값에 거래되던 시기였기 때문이다. 한마디로 가치평가가 따로 필요가 없었다. '뚱뚱한 사람을 굳이 체중계에 달아볼 필요는 없다'는 워런 버핏의 말이 딱 맞던 때다. 면밀한 가치평가보다는 사업에 대한 깊은 이해에 믿음과 엉덩이를 결합하는 일이 더 중요했다.

그러다 보니 2002년에 출간한 『한국형 가치투자 전략』도 가치평가보다는 좋은 사업을 보는 잣대를 제공함으로써 투자자들이 나쁜 회사를 피하고 좀 더 일찍 가치주에 눈을 뜨길 바라는 마음으로 집필했다. 노력의 결과였는지 이후 한국에도 가치투자가 보급되기 시작하면서 가치투자 관련 서적들도 봇물을 이뤘다.

물론 다수의 서적들이 워런 버핏 관련 서적들이었다. 이제 워런 버핏에 대해 더 알려질 게 있을까 싶을 정도로 워런 버핏에 관한 책은 차고 넘친다. 하지만 결정적인 순간에 그의 의사결정을 참고하려면 '풍요 속의 빈곤'이란 말이 실감날 정도로 답을 주는 책은 정작 없었다. 예를 들어 워런 버핏의 페트로차이나, 포스코 투자 그리고 웰스 파고 같은 은행주 투자를 해석해주는 내용은 찾아볼 수가 없다. 그의 투자는 계속 진화하고 있는데 여전히 많은 책들은 코카콜라와 질레트에 갇혀 있었다.

게다가 좋은 기업들의 내재가치를 측정하는 일이 새로운 도전으로 떠올랐다. 한국에서도 좋은 기업들의 주가 상승이 이뤄지면서 체중계에 달아보지 않아도 되는 시절이 지나가고 체중계가 필요한 시기가 도래했기 때문이다. 워런 버핏이 어떤 기업을 좋아하는지는 충분히 알고 있지만 정작 어떻게 가치평가를 하는지가 여전히 미궁이었다. 기존 책들에서는 해답을 찾기가 어려웠다.

나와 같은 워런 버핏 마니아인 이 책의 저자도 비슷한 갈증을 느꼈던 거 같다. 단지 나와 차이가 있다면 나는 그런 책이 나와 주길 마냥 기다리고 있었지만 그는 직접 갈증을 해소하러 나섰다는 점이다. 어느 때인가 그는 원문으로 된 버크셔 해서웨이의 주주에게 보내는 편지를 놓고 씨름을 시작했다. 사실 워런 버핏이 주주편지를 쉽게 쓴다고 알려져 있지만 은유적 표현이 많고 몇 가지 핵심적인 부분에서 아주 심도 있는 내용으로 들어가기 때문에 난이도가 만만치 않다.

그런 이유로 주주편지에 도전하는 것만으로도 대단하다는 생각이 들었지만 결과물이 나온다면 기존의 그 어떤 워런 버핏 책도 채우지 못한 갈증을 풀어줄 거란 기대감이 들었다. 결국 그 도전은 성공을 거둬 멋진 결과가 세상에 선보여지게 되었다. 원고를 보며 개인적으로 몇 가지 풀리지 않는 궁금증이 해결된 시원함을 느낌과 동시에 이 같은 어려운 일을 해낸 저자가 너무도 자랑스러웠다.

이 책이 제목에 걸맞게 워런 버핏이 행한 내재가치 계산법의 비밀에 가장 근접한 이유는 정확한 소스, 바로 그가 직접 쓴 주주편지에서 출발했기 때문이다. 나 역시 『워런 버핏의 실전 주식투자 The New Buffettology』를 번역 출간해 그의 개별종목 분석방법을 소개하려 했지만 저자에게 며느리로서의 한계점이 분명 존재하는 게 사실이다. 이 때문에라도 역시 직접 쓴 주주편지에서 추출한 내용이 가장 정확한 소스임이 분명하다.

여기에 저자의 출중한 독해 실력과 그의 전공(수학)에서 알 수 있듯이 숫자를 정확하게 뽑아내 가공하는 능력이 더해졌다. 기존 워런 버핏 서적들의 대부분이 저널리스트들에 의해 쓰이다 보니 자세한 숫자에 대한 부분이 많이 가려졌으나 이 책에서 상당 부분의 비밀이 전문가에 의해서 벗겨진 느낌이다.

여전히 워런 버핏은 현역으로서 왕성한 활동을 보이고 있다. 한 10년 정도는 계속 그가 보내는 주주편지를 읽을 수 있지 않을까 한다. 이제 두 가지 설렘을 가지게 되었다. 하나는 워런 버핏의 주주편지며 다른 하나는 저자가 해줄 주주편지 해석이다. 두 사람의 만남이 우리나라 가치투자의 지평을 넓히는 훌륭한 안내자의 역할을 해주기를 간절히 소원한다.

VIP투자자문 대표이사

최준철

용어설명

감가상각비 Depreciation 투자된 자산이 사용기간 동안 비용으로 반영되는 것을 말한다. 보통 자산이 투자될 때 큰 규모의 현금유출이 발생하고 그 이후의 사용기간 동안은 추가적인 현금유출이 발생하지 않지만, 회계적으로 균등하게 비용을 배분해 주는데 그에 따른 비현금발생 비용을 말한다.

감모상각비 Depletion 감가상각비와 마찬가지로 자산의 가치 감소분을 인식한 비용을 말한다. 광산, 유전, 삼림 등의 고갈성 자산이나 감모성 자산의 가치 감소에 따른 비용을 말하며, 주로 수량의 소진을 의미한다.

경제적 해자 Economic Moat 기업을 경쟁으로부터 지켜주는 무형의 가치를 말하며, 성城을 둘러싸면서 지켜주는 해자垓子와 같다고 해서 경제적 해자라고 부른다.

계속기업Going Concern의 가정 어떤 기업을 바라볼 때, 기업 본래의 목적을 달성하기 위해 계속적으로 존재한다고 가정하는 것.

공정가치 Fair Value 청산과정이 아닌 자발적인 당사자간의 경상거래에서 자산을 사고팔 수 있는 금액. 보통 시장가격이 존재하면 시장가격을 공정가치로 판단한다.

국제회계기준 IFRS 기업의 회계처리와 재무제표에 대한 국제적 통일성을 높이기 위해 국제회계기준위원회에서 마련해 공표하는 회계기준으로 금융회사를 포함한 국내 모든 상장기업은 2011년 사업보고서를 국제회계기준에 맞춰 공시해야 한다. 또한 자산 2조 원 이상 상장기업은 2011년부터, 자산 2조 원 미만 기업은 2013년부터 분기 및 반기보고서에 연결공시제도를 사용해야 한다. 기업의 재무상황과 내재가치에 대해 더 정확한 정보를 제공할 수 있는 연결재무제표와 공정가치 평가를 기본으로 하고 있다.

기회비용 Opportunity Cost 어떤 한 가지 투자안을 선택할 경우 나머지 포기한 대안에서 얻을 수 있는 이익을 말한다.

내재가치 Intrinsic Value 기업 본연의 가치를 말하는데, 절대적인 고유의 가치를 뜻한다. 투자의 대가 워런 버핏에 의해 유명해지게 되었다.

대손충당금 allowance for bad debts 외상매출금, 받을어음 등의 매출채권 가운데 회기말까지 미회수액으로 남아있는 금액에서 회수가 불가능할 것으로 추정되는 금액을 비용으로 처리하기 위해

설정하는 계정을 말한다.

매입채무 account payables 기업의 주된 영업활동 과정 중 원재료의 구입과 같은 일반적인 상거래에서 발생한 외상매입금과 지급어음을 말한다. 이에 비해 일반적인 상거래 외에서 발생한 설비구입대금 같은 채무는 미지급금, 차입을 위해 금융기관에 발행한 어음은 단기차입금으로 분류한다.

매출채권 account receivable 기업의 주된 영업활동 과정 중 재화나 용역을 판매하는 것과 같은 수익창출활동에서 발생한 채권으로 외상매출금과 받을어음이 이에 해당된다.

무한등비급수의 공식 일정한 수공비로 곱한 숫자들의 나열을 등비수열이라고 하는데, 등비수열을 무한대까지 더해준 값을 무한등비급수라고 한다. $\dfrac{a}{1-r}$ 로 정리할 수 있으며, r은 공비, a는 첫번째 항을 말한다. 단 r의 절대값이 1보다 작아야 한다.

배당성향 propensity to dividend 당기순이익 가운데 현금배당액이 차지하는 비율이다. 회사가 속하는 업종이 성장업종인 경우 회사가 재투자를 위해 사내 유보를 강화하는 경향이 있어 배당성향이 낮아지고, 반대로 성숙업종인 경우에는 사내 유보의 필요성이 상대적으로 떨어져 배당성향이 높아지는 편이다.

배당수익률 price-dividend yield 주식 1주당 배당금을 현재 주가로 나누어 산출하는 것으로 현재 가격(시가)으로 주식을 사서 배당금을 받았을 때 어느 정도의 수익률이 예상되는지를 가늠할 때 사용한다.

버크셔 해서웨이 Berkshire Hathaway 워런 버핏과 찰리 멍거가 각각 회장과 부회장으로 재임하고 있는 보험업 중심의 지주회사로 주식 1주의 가격이 가장 비싼 것으로 유명하다. 회사의 놀라운 성장성 외에도 주주편지와 주주 매뉴얼 등 독특한 주주친화 정책으로 장기간 주식을 보유하고 있는 열성 주주를 확보하고 있다.

베타 Beta 개별 주식 또는 포트폴리오의 지수 대비 변동성을 말하는 것으로 베타가 크면 상대적인 변동성이 크다고 할 수 있다. CAPM에서는 변동성을 리스크로 본다.

빌앤멜린다게이츠재단 Bill and Melinda Gates Foundation 재정이 투명하게 운영되는 민간 재단 중 세계에서 가장 큰 규모의 재단이다. 빌 게이츠와 그의 아내 멜린다 게이츠에 의해 2000년에 설립되었다. 주 운영 목적은 국제적 보건의료 확대와 빈곤 퇴치, 그리고 미국 내에서는 교육 기회 확대와 정보기술에 대한 접근성 확대이다. www.gatesfoundation.org

소수주주지분 minority share holders 자회사의 주식 중 70%를 모회사가 보유하고 나머지를 제3자가 보유하고 있는 경우, 제3자가 가진 30%는 모회사 이외의 주주의 지분이며 이를 가리킨다. 연결대차대조표에 부채와 자본의 중간인 소수주주지분으로 구분해 표시한다.

스노우볼 snowball '눈덩이'라는 뜻으로 투자의 복리 효과를 비유적으로 나타낸다. 처음에는 작았던 원금이 장기간에 걸쳐 복리 효과로 불어날 경우 눈덩이처럼 커진다는 것이다. 누구보다 복리 효과를 강조하는 워런 버핏은 최근에 출간한 자서전의 제목을 '스노우볼'이라고 붙였다.

안전마진 Margin of Safety 주식의 적정가치와 매수가격의 차이를 말한다. 싸게 살수록 적정가치와의 차이가 커진다. 안전마진이 클수록 투자판단 실수로 인해 적정가치를 잘못 판단했다 하더라도 손실을 볼 수 있는 가능성이 낮아진다.

연결재무제표 Consolidated Financial Statement 다른 회사에 지배력을 행사할 수 있는 정도의 주식을 보유하고 있는 경우 경제적인 단일실체로 가정해 하나의 재무제표로 작성한 것을 말한다. 기업집단 내 개별재무제표로는 파악이 불가능한 기업집단 전체 재무상태, 경영성과에 대해 알 수 있을 뿐만 아니라 회계적 투명성도 확보할 수 있다.

영업권 Good will 고객이 특정 기업에 대해 보이는 호의(goodwill)를 뜻하는 것이었으나 지금은 어떤 우량한 기업체가 다른 동종 업체보다 많은 초과수익을 올릴 때 그 영업상의 우월적 권리를 말한다. 보통 권리금을 의미하기도 하는데 우수한 경영진, 지리적 위치, 영업상 노하우, 높은 신용도 등에 의해 발생한다.

요구수익률 required rate of return 투자자가 자금의 투자나 공여에 대해서 요구하는 최소한의 수익률을 말한다. 기업의 투자 결정에 있어서는 어떤 투자안이 받아들여지기 위해서 이 투자안이 벌어들여야 하는 최소한의 수익률을 뜻한다.

유형자산 투자비용 CAPEX; Capital Expenditure 보통 기업이 본 사업을 지속해나가는데 꼭 필요한 설비 등의 유형자산에 대한 투자금액을 말한다. 신규 사업과 관련된 유형자산 투자도 CAPEX로 통칭한다. 기업의 유형자산은 토지를 제외하고 시간이 지날수록 마모되어 그 가치가 떨어지기 때문에 반드시 적정한 시기에 지속적인 투자를 해줘야 한다. 따라서 기업의 영속성을 가정할 때 반드시 필요한 부분이라고 할 수 있다. 만일 적시에 CAPEX 투자가 이뤄지지 못하면 향후 변화하는 환경에 뒤처져 현재의 지위를 위협받을 수도 있으며, 미래를 대비하여 적정하게 투자가 이뤄지면 향후 기업의 지위가 상승될 수도 있다. 워런 버핏은 CAPEX를 고려하지 않은 현금흐름 추정은 기업가치를 판단할 때 아무런 의미를 갖지 못한다고 했으며 이는 비단 워런 버핏뿐만 아니라 다른 투자의 대가들도 동일한 견해를 보여주고 있다. 현금흐름표의 '투자활동으로 인한 현금유출액' 부분을 통해 계산할 수 있다.

인플레이션 Inflation 전반적인 물가가 지속적으로 상승하는 경제 상태를 말하는데, 이는 돈의 가치를 떨어뜨리고, 그만큼 구매력을 약화시킨다. 기업은 인플레이션 상황 하에서 지속적인 설비투자 자금이 늘어나는 상황을 맞게 된다.

인플레이션 보장 국채 TIPS, Treasury Inflation-Protected Securities 물가연동국채라고도 하며, 원금과 이자를 인플레이션에 연동시켜 인플레이션에 따른 리스크를 제거함으로써 실질적인 구매력을 보장해주는 채권이다.

자기자본이익률 ROE 당기 순이익을 자본총액으로 나눠준 값으로 주주 입장에서 기업에 투하된 자본으로부터 이익을 얼마나 냈는지 알아보는 지표이다.

자본효율 Efficiency of Equity 투입된 자본 대비 얼마의 이익을 투자자에게 가져다주는지 알아보는 지표를 말한다. 보통 회계적인 순이익을 자본총액으로 나눠준 ROE(Return on Equity)가 많이 사용되지만 회계적인 순이익을 기반으로 하고 있어 유형자산 투자비용(CAPEX) 투자가 많은 사업의 경우 자본효율이 왜곡될 수 있다. 따라서 워런 버핏은 회계적인 순이익보다 유형자산 투자비용을 고려한 주주이익을 기반으로 투자된 자본에 대한 효율을 판단하며 투자된 자본 또한 투자 당시의 금액으로 기록된 장부가치가 아닌 실제 투자된 자본의 가치인 공정가치를 토대로 계산한다. 자본효율은 사업의 가치를 판단하는 중요한 척도이며 높은 효율을 보이는 사업일수록 그 가치를 높게 평가할 수 있다. 자본을 투입할 때 기회비용보다 높은 수익을 거두는 사업인지 여부를 고민해야 하며 만일 기회비용보다 낮은 수익을 거두는 사업이라면 더 이상 자본을 투입하지 않는 것이 이론적으로 현명한 투자판단이라고 할 수 있다.

자사주 Treasury Stock(자기주식) 기업이 되산 자사 발행 주식을 말한다. 상법에서 원칙적으로는 자사주를 취득하는 것을 금하고 있으나 주식 매입소각 등의 경우에는 허용하고 있다. 상장기업의 경우 주주가치를 제고하는 방안으로 이익 배당과 함께 활용되고 있다.

장부가치 Book Value 재무제표 내 자본총액을 말한다. 주주들에 의해 투하된 자본으로 회계적인 수치이다.

재고자산 inventories 기업의 정상적인 영업활동과정에서 판매를 목적으로 보유하고 있는 자산(상품, 제품)이나 판매를 위해 현재 생산 중에 있는 자산(재공품, 반제품)또는 판매할 자산을 생산하는 데 사용되거나 소모될 자산(원재료, 저장품)을 뜻한다.

주당순이익 Earnings Per Share 당기 순이익을 발행주식 총수로 나눠준 값.

주당순자산 Book Price Per Share 자본총액을 발행주식 총수로 나눠준 값.

지분법 Equity method 모기업이 중대한 영향력을 행사할 수 있는 자회사에 대해 지분율만큼 이익을 모기업의 재무제표에 반해주는 회계기준을 말한다. 대개 20% 이상의 지분을 보유하고 있는 경우 중대한 영향력을 행사할 수 있다고 가정한다.

지주회사 Holding Company 다른 기업의 주식을 소유함으로써 다른 기업의 사업활동을 지배하거나 관리하는 회사로 국내 법률상으로는 재무상태표 상의 자산총액이 1,000억 원 이상이어야 한다.

퇴장방지의약품 저가 필수의약품의 퇴출 방지 및 생산 장려를 위해 보건복지부 장관이 지정하는 것으로 1999년 11월에 도입되었다. 환자의 진료에 필수적인 의약품의 퇴장을 방지하여 환자 진료에 차질이 빚어지지 않도록 하고, 무분별한 고가 약제의 사용을 억제함으로써 의약품의 적절한 사용을 유도하기 위한 것이다. 또한 저가의약품이 퇴장될 경우 고가의약품 사용이 늘어나 보험재정에 부담이 가는 것을 막는 역할도 한다.

할인율 Discount Rate 향후 기대되는 현금흐름을 현재 가치화할 때 사용하는 수치를 말한다. 돈은 시간이 지날수록 가치가 떨어지는데 이런 부분을 반영하여 현재 시점에서 판단하는 기준으로 활용된다. 모든 투자안의 투자수익률은 기본적으로 복리로 표현된다. 이는 투자 시 얻을 수 있는 수익이 동일한 수익률로 재투자될 수 있다는 것을 가정하는 까닭이다. 그렇기 때문에 현재 가치화할 때 그만큼 할인해(나누어)주는 것이다. 현금흐름 할인방법(DCF)에서는 보통 기업과 관련된 모든 이해 관계자들의 기회비용을 반영한 가중평균자본비용(WACC)을 할인율로 사용한다. 반면에 워런 버핏은 주주입장에서의 기회비용만 반영한 할인율을 적용하는데, 워런 버핏이 직접 언급한 내용을 토대로 무위험이자율과 인플레이션, 소득세율을 고려할 것이라고 추정할 뿐이다. 국내 개인투자자들의 경우 자본차익에 대한 소득세율이 무시할 수 있는 수준이기 때문에 이 책에서는 특별히 소득세율을 고려하지 않았다.

주석

1) 주가가 결국 내재가치를 반영한다는 이론이 객관적으로 증명된 것은 아니다. 투자를 과학의 영역으로 격상시켰다는 평가를 받고 있는 벤저민 그레이엄이 1955년 미국 의회 청문회에 참석해서 이와 관련해서 답변한 내용이 있는데 첨부해 둔다.
That is one of the mysteries of our business, and it is a mystery to me as well as to everybody else. We know from experience that eventually the market catches up with value. It realizes it in one way or another.

2) 기업 A는 '하이록코리아'이다. 수치는 전자공시사이트(fss.dart.or.kr)에 공시된 수치를 인용했다.

3) 기업 A는 '포스코'이며 별도기준 재무제표 수치를 적용했다. 수치는 전자공시사이트(fss.dart.or.kr)에 공시된 수치를 인용했다. 실제 글로벌 금융위기 이후 철강산업의 공급 과잉으로 포스코는 본업에서 어려움을 맞았다.

4) 운전자본은 사업의 기본적인 활동에 필요한 자본이기 때문에 '유동자산 중 비현금성 자산'에서 '유동부채 중 비현금성 부채'를 차감해서 구해주는 것이 정확하다.

5) we define risk, using dictionary terms, as "the possibility of loss or injury". - 워런 버핏, 1994년 버크셔 주주총회

6) "뛰어난 투자자가 되는 방법을 알면 당신은 뛰어난 경영자가 될 수 있다. 그 반대 역시 마찬가지다." - 찰리 멍거, 〈키플링어kiplinger〉, 2005

7) 2011. 11. 14. CNBC Transcript : Warren Buffett Explains Why He Bought $10.7B of IBM Stock

8) I don't read any analyst reports. If I read one, it's because the funny pages weren't available. I don't know why anyone does it. - 찰리 멍거, 2013년 버크셔 주주총회

9) Charlie and I are rarely willing to project high growth rates. Maybe we're wrong sometimes and that costs us, but we like to be conservative. - 워런 버핏, 2004년 버크셔 주주총회

10) Our best ideas haven't done better than others' best ideas, but we've lost less. We've never gone two steps forward and then one step back - maybe just a fraction of a step back.
워런 버핏, 2007년 버크셔 주주총회

11) 2016년 6월 20일 기준. 코스피 산업별 시가총액 중 화학, 철강금속, 기계, 전기전자, 운수장비, 건설업 비중 합계. www.krx.co.kr

12) The Wall Street Journal, 2016. 6. 17. 'Fed's Bullard Changes View on Economy, Now Sees Only One More Rate Rise'

참고도서

가이 스파이어 | 이건(역), 신진오(감수) | 『워런 버핏과의 점심식사』 | 이레미디어 | 2015

네이트 실버 | 이경식(역) | 『신호와 소음』 | 더퀘스트(길벗) | 2014

로버트 마일즈 | 권루시안(역) | 『워런 버핏이 선택한 CEO들』 | 국일증권경제연구소 | 2003

로버트 마일즈 | 손정숙(역) | 『워런 버핏의 스노우볼 버크셔 해서웨이』 | 부크홀릭 | 2009

로버트 쉴러 | 이강국(역) | 『비이성적 과열』 | 알에이치코리아(RHK) | 2014

로버트 해그스트롬 | 김중근(역) | 『워런 버핏 투자법』 | 청림출판 | 2004

로버트 해그스트롬 | 구본성(역) | 『워런 버핏의 완벽투자기법』 | 세종서적 | 2005

로버트 해그스트롬 | 신현승(역) | 『다시 워런 버핏처럼 투자하라』 | 세종서적 | 2014

메리버핏·데이비드클라크 | 김상우(역) | 『워런 버핏만 알고있는 주식투자의 비밀』

부크홀릭 | 2008

벤저민 그레이엄 | 박진곤(역) | 『현명한 투자자』 | 국일증권경제연구소 | 2003

벤저민 그레이엄·데이비드 도드 | 박동욱·하상주(역) | 『증권분석』 | 국일증권경제연구소 | 2008

앤드류 킬패트릭 | 안진환·김기준(역) | 『워런 버핏 평전』 | 월북 | 2008

워런 버핏, 로렌스 커닝햄(편) | 이건(역), 신진오(감수) | 『워런 버핏의 주주서한』

서울문화사 | 2015

이민주 | 『워런 버핏처럼 재무제표 읽는 법』 | 살림비즈 | 2008

제임스 알투처 | 이진원(역) | 『워런 버핏 실전 투자』 | 리더스북 | 2006

조지 애커로프, 로버트 쉴러 | 김태훈(역), 장보형(감수) | 『야성적 충동』 | 랜덤하우스코리아 | 2009

트렌 그리핀 | 홍유숙(역) | 임정호(감수) | 『워런 버핏의 위대한 동업자, 찰리 멍거』 | 처음북스 | 2015

팻 도시 | 전광수(역) | 『경제적 해자』 | 리더&리더 | 2009

필립 피셔 | 박정태(역) | 『위대한 기업에 투자하라』 | 굿모닝북스 | 2005

하워드 막스 | 김경미(역) | 『투자에 대한 생각』 | 비즈니스맵 | 2012

Allice Schroeder | 『The Snowball』 | Bantam | 2008

함께 읽으면 좋은 부크온의 책들

- 최고의 주식 퀄리티 투자 — 뤽 크루제
- 마라톤 투자자 서한 — 에드워드 챈슬러
- 내 주식은 왜 휴지조각이 되었을까? — 장세민
- 투자의 전설 앤서니 볼턴 — 앤서니 볼턴
- 예측투자 — 마이클 모부신, 알프레드 래퍼포트
- 투자도 인생도 복리처럼 — 가우탐 바이드
- 퍼펙트 포트폴리오 — 앤드류 로, 스티븐 포어스터
- 안전마진 — 크리스토퍼 리소길
- 권 교수의 가치투자 이야기 — 권용현
- 벤저민 그레이엄의 성장주 투자법 — 프레더릭 마틴
- 가치투자는 옳다 — 장마리 에베이야르
- 박 회계사의 재무제표 분석법 (개정판) — 박동흠
- 워런 버핏처럼 주식투자 시작하는 법 — 메리 버핏, 션 세아
- 인생주식 10가지 황금법칙 — 피터 세일런
- 주식고수들이 더 좋아하는 대체투자 — 조영민
- 금융시장으로 간 진화론 — 앤드류 로
- 현명한 투자자의 지표 분석법 — 고재홍
- 투자 대가들의 가치평가 활용법 — 존 프라이스
- 워런 버핏처럼 가치평가 시작하는 법 — 존 프라이스
- 투자의 가치 — 이건규
- 워런 버핏의 주식투자 콘서트 — 워런 버핏
- 주식투자자를 위한 재무제표 해결사 V차트 — 정연빈
- 주식 PER 종목 선정 활용법 — 키스 앤더슨
- 현명한 투자자의 인문학 — 로버트 해그스트롬
- 워런 버핏만 알고 있는 주식투자의 비밀 — 메리 버핏, 데이비드 클라크
- 박 회계사의 사업보고서 분석법 — 박동흠
- 이웃집 워런 버핏, 숙향의 투자 일기 — 숙향
- 줄루 주식투자법 — 짐 슬레이터
- 경제적 해자 실전 주식 투자법 — 헤더 브릴리언트 외
- 붐버스톨로지 — 비크람 만샤라마니
- 워런 버핏처럼 사업보고서 읽는 법 — 김현준
- 주식 가치평가를 위한 작은 책 — 애스워드 다모다란
- 고객의 요트는 어디에 있는가 — 프레드 쉐드
- 투자공식 끝장내기 — 정호성, 임동민
- 워렌 버핏의 재무제표 활용법 — 메리 버핏, 데이비스 클라크
- 현명한 투자자의 재무제표 읽는 법 — 벤저민 그레이엄, 스펜서 메레디스